MEO KROSS

KOCHEN WIE IN THAILAND

MEO KROSS

KOCHEN WIE IN THAILAND

DIE WELT IN MEINER KÜCHE

Kochen gehört für mich zu den schöpferischen Künsten. Ich hatte das Glück, schon früh von den leidenschaftlichen Köchinnen aus meiner Familie – Mutter, Großmütter und Tanten – zu erfahren, dass Kochen eine der schönsten Möglichkeiten ist, sich selbst kreativ auszudrücken und gleichzeitig anderen eine Freude zu bereiten. Ich lernte schnell, dass Kochen keineswegs eine geheimnisvolle Begabung ist und auf irgendwelchen magischen Fähigkeiten beruht, sondern dass man diese Fähigkeiten mit Spaß erwerben kann. Es reicht aus, wenn man einfach ein Interesse an gutem Essen hat und die Absicht, jede Mahlzeit so zuzubereiten, dass man sie mit Vergnügen genießen möchte.

Schon früh habe ich in meiner südthailändischen Heimat für meine drei jüngeren Geschwister gekocht. Meine Eltern arbeiteten auf einer Plantage, mussten früh aus dem Haus und kamen abends erst spät zurück. Ich sammelte Wild-Gemüse im Wald, nahm es für Currys und Wokgerichte oder verkaufte davon auch manchmal etwas auf dem Markt.

Kochen wurde meine Leidenschaft, die ich dann auch zu meinem Beruf machte. Nach einer Ausbildung in Deutschland zur Hotelfachfrau eröffnete ich in Berlin ein Thai-Restaurant sowie eine Thai-Kochschule. Seit einigen Jahren gebe ich hier mit viel Vergnügen meine langjährigen Küchen- und Kocherfahrungen weiter. Ich zeige, wie wunderbar abwechslungsreich, fantasievoll und hocharomatisch die thailändische Küche ist und wie einfach sich authentische Speisen aus meiner Heimat in einer europäischen Küche zubereiten lassen

Auch mit diesem Kochbuch möchte ich Sie zu einer kulinarischen Reise einladen – lernen Sie mit mir die Küche Thailands kennen und lieben!

Meo Kross

THAILAND-BUCKET-LIST

- **EINEN THAI-KOCHKURS MACHEN**
  Die Geheimnisse der Thai-Küche kennen lernen!
- **GRAND PALACE, KÖNIGSPALAST IN BANGKOK**
  Thailands heiligsten »Tempel des Emerald« entdecken – unfassbar schön!
- **MEDITATION, YOGA & MASSAGE GENIESSEN**
  Körper und Geist heilen und stärken – einzigartig!
- **CHIANG MAI, DIE METROPOLE IM NORDEN**
  Die magische Altstadt erkunden, die faszinierende Natur erleben, mit Elefanten baden – einmalig!
- **DOI INTHANON, THAILANDS HÖCHSTER BERG**
  Den schönsten Sonnenaufgang Thailands ansehen – ein unvergessliches Erlebnis!

ESSEN IST FREUDE AM LEBEN

LÄNDER-QUICKIE

Wer das erste Mal nach Thailand kommt, wird ihn bekommen – den Kulturschock! Kaum ein Land unterscheidet sich in seiner Kultur so sehr von der uns bekannten Lebensweise wie Thailand. Das Essen, die Art zu essen oder die Tatsache, dass traditionelle Thai-Köche keine Backöfen kennen: Sitten und Gebräuche sind oft schwer zu verstehen und vielleicht gerade deshalb faszinierend.

Essen in Thailand ist ein Gemeinschaftserlebnis.

Durian gilt in Thailand als die Königin aller Früchte – trotz ihres »Dufts«.

1 Essen ist das Wichtigste: Nach einer freundlichen Begrüßung mit einem »Sawasdee krup«, wird man gefragt, ob man schon gegessen hat, manchmal sogar noch davor.

2 Kein Thai würde im Restaurant nur »sein« Gericht bestellen und es dann allein essen. Jeder am Tisch teilt sein Essen.

3 Die Gabel dient dazu, das Essen auf den Löffel zu schieben. Nur Nudelsuppe wird mit Stäbchen gegessen – und einem Löffel.

4 Auch wer kein scharfes Essen verträgt, kann übrigens einen Urlaub in Thailand wagen. Es gibt tatsächlich Gerichte ohne Chili.

5 Durian zum Dessert! Wer den starken Geruch erträgt, kann in eine cremige, süße Frucht beißen, die an Vanillepudding erinnert – allerdings mit leichter Zwiebelnote!

DIE TOP-5-ZUTATEN

HELDEN DER THAI-KÜCHE

Top 1:
Thai-Fischsauce

Fischsauce wird durch Fermentation von Sardellen, die bis zu 2 Jahre in Salz eingelegt werden, gewonnen. Klingt im ersten Moment nicht besonders lecker. In der Tat ist die thailändische Küche aber ohne diese rötlich-braune Sauce unvorstellbar. Sie gibt den Gerichten den typischen Geschmack und die nötige Würze, ohne sie dabei nach Fisch schmecken zu lassen.

Top 2:
Koriandergrün

Wie Fischsauce wird frisches Koriandergrün beinahe in allen Gerichten verwendet – als Zutat und als Garnitur. In Thailand bekommt man die Stängel üblicherweise mit Wurzeln – und mittlerweile auch bei uns. Ihr kräftiger Geschmack erinnert an Sellerie und Petersilienwurzel und würzt Brühen. Fein zerkleinert sind die Wurzeln auch Bestandteil von Currypasten.

Top 3:
Zitronengras

Wie der Name verrät, »parfümiert« das Zitronengras sehr viele Gerichte mit seiner intensiven, aber nicht sauren Zitrusnote. Die Stängel werden gewaschen und im Ganzen in Brühen und Saucen mitgekocht. Für Wokgerichte oder Currys die äußeren harten Blätter entfernen und den Stängel dann sehr fein schneiden, etwa in sehr dünne Ringe. Zitronengras hat übrigens nichts mit Zitronen zu tun.

Top 4:
Thai-Basilikum

Von den drei Basilikumarten, die in Thailand vorkommen, werden hauptsächlich zwei verwendet. Bai Horapa, auch das süße Basilikum genannt, schmeckt süßlich nach Anis und etwas nach Lakritze. Bai Grapao, bekannt als Holy Basil, schmeckt dagegen nach Nelke und Piment. Vom Zitronenbasilikum werden vor allem die Samen verwendet, die in Wasser aufquellen wie Chia Samen.

Top 5:
Currypasten

Die beiden bekanntesten Currypasten sind in Thailand das Red Curry und das Green Curry. Sie werden oft aus bis zu 20 Zutaten hergestellt. Lassen Sie sich nicht von der Farbe täuschen: Die grüne Paste ist um einiges schärfer als die rote. Currypasten bekommen Sie in Asienläden und großen Supermärkten fertig zu kaufen. Besonders aromatisch schmecken jedoch frisch zubereitete Pasten.

Die Zutaten und Gewürze sind es, die eine Länderküche von der anderen unterscheidet. In der thailändischen Küche werden neben der intensiven Fischsauce und den würzigen Currypasten viele frische Kräuter verwendet. Mindestens eine dieser Zutaten findet sich in jedem der Rezepte wieder. Trotzdem schmeckt kein Gericht wie das andere. Das macht die thailändische Küche so vielfältig, so einzigartig und so unverwechselbar.

4
1
5
3
2

SALATE & SNACKS

Es heißt, dass in Thailand immer und überall gegessen wird. Und das stimmt sehr wohl. Wir Thailänder lieben es einfach zu essen. Hier stelle ich Ihnen meine liebsten Appetizer vor: fruchtig-würzige Salate, feine Frühlingsrollen, knusprige Teigtäschchen – perfekt für unterwegs, ein Picknick oder einen kleinen Imbiss zwischendurch!

AUBERGINENSALAT AUF THAILÄNDISCHE ART

ยำมะเขือย่าง

Für 4 Portionen
50 Min. Zubereitung
Pro Portion ca. 245 kcal

FÜR DAS DRESSING

1 rote Spitzpaprika (ca. 100 g)
2 kleine rote Chilischoten
1 Stängel Koriandergrün mit Wurzel
2 Knoblauchzehen
5 EL Fischsauce
4 EL Palmzuckersirup (selbst gemacht oder Asienladen)
4 EL Limettensaft
Salz

FÜR DEN SALAT

1 Schalotte
2 Stängel Koriandergrün
200 g geschälte, rohe Garnelen (küchenfertig; frisch oder aufgetaute TK-Ware)
200 g Hähnchenbrustfilet
10 längliche grüne Thai-Auberginen (s. Tipp)
2 EL Erdnussöl

....

Tipp: Keine länglichen Auberginen gefunden? Sie können auch die runden golfballgroßen verwenden. Diese putzen, längs achteln und in der Grillpfanne weich braten.

1 Für das Dressing Spitzpaprika und Chilischoten waschen und halbieren, Stiele, Trennwände und Kerne entfernen. Paprika- und Chilihälften kleiner schneiden.

2 Das Koriandergrün mit der Wurzel gründlich waschen, trocken schütteln und grob hacken. Knoblauch schälen und mit den klein geschnittenen Zutaten sowie Fischsauce, Palmzuckersirup und Limettensaft im Mixer fein pürieren. Das Dressing mit Salz abschmecken.

3 Für den Salat die Schalotte schälen und in dünne Ringe schneiden. Das Koriandergrün waschen, trocken schütteln und mit den zarten Stielen grob hacken.

4 Die Garnelen waschen, trocken tupfen und in Stücke schneiden. Das Hähnchenbrustfilet trocken tupfen, in dünne Streifen schneiden und fein hacken.

5 In einem Topf oder einer Pfanne Wasser zum Kochen bringen. Das Hähnchenfleisch und die Garnelen darin 3 Min. garen. Dann die Garnelen-Hähnchen-Mischung in ein Sieb abgießen und beiseitestellen.

6 Die Auberginen waschen und trocken tupfen, putzen und – je nach Dicke – längs halbieren oder vierteln. Eine Grillpfanne mit Öl bepinseln und stark erhitzen. Die Auberginenhälften oder -viertel darin von beiden Seiten in 20–25 Min. bei mittlerer bis starker Hitze braten, bis sie weich sind. Die Auberginen abkühlen lassen und in 3–5 cm lange Stücke schneiden.

7 Alle vorbereiteten Zutaten bis auf das Koriandergrün in eine Schüssel geben. Das Dressing darübergießen. Alles gut vermischen und nochmals abschmecken. Den Salat mit dem Koriandergrün bestreut servieren.

BOHNENSALAT MIT HÄHNCHEN UND GARNELEN

ยำถั่วฝักยาวกุ้งไก่

Für 4 Portionen
45 Min. Zubereitung
Pro Portion ca. 250 kcal

FÜR DEN SALAT
200 g Schlangenbohnen (ersatzweise Prinzessbohnen)
200 g Hähnchenbrustfilet
15 geschälte, rohe Garnelen (küchenfertig; frisch oder aufgetaute TK-Ware)
4 Schalotten
2 Stängel Koriandergrün
4 EL Kokosraspel

FÜR DAS DRESSING
100 g Kokosmilch
2 EL geröstete Chilipaste (selbst gemacht oder Asienladen)
½ TL Chilipulver
3 EL Fischsauce
3 EL Palmzuckersirup (selbst gemacht oder Asienladen; s. Tipp)
3 EL Tamarindensaft (selbst gemacht oder Asienladen)
Salz

....

Tipp: Für selbst gemachten Palmzuckersirup 400 g Palmzucker mit 400 ml Wasser in einem Topf aufkochen, dann 5 Min. bei starker, anschließend 10 Min. bei mittlerer Hitze kochen lassen.

1 Die Schlangenbohnen waschen, putzen und in dünne Ringe schneiden. Inzwischen reichlich Wasser zum Kochen bringen. Die Bohnen darin 1–2 Min. (Prinzessbohnen 2–3 Min.) blanchieren, dann in ein Sieb abgießen, mit eiskaltem Wasser abschrecken und abtropfen lassen.

2 Das Hähnchenfleisch trocken tupfen, in dünne Streifen schneiden, dann fein hacken. Die Garnelen in einem Sieb waschen und abtropfen lassen. Inzwischen in einem Topf oder einer Pfanne Wasser zum Kochen bringen und das gehackte Hähnchenfleisch und die Garnelen darin 3–4 Min. garen. Dann die Garnelen-Hähnchen-Mischung in ein Sieb abgießen und beiseitestellen.

3 Die Schalotten schälen und in sehr dünne Ringe schneiden. Koriandergrün waschen, trocken schütteln und mit den zarten Stielen grob hacken. Die Kokosraspel in einer Pfanne ohne Öl anrösten, bis sie sich goldgelb färben.

4 Für das Dressing Kokosmilch, 1 EL Chilipaste, Chilipulver, Fischsauce, Palmzuckersirup und Tamarindensaft in eine Schüssel geben und verrühren. Die Sauce mit Salz und evtl. noch mehr Chilipaste abschmecken.

5 Die Bohnen mit der Hähnchen-Mischung und den Schalotten in die Schüssel geben. Alles mit dem Dressing vermengen und nochmals abschmecken. Den Salat auf einer Servierplatte anrichten, Koriander und geröstete Kokosraspel darüber verteilen und servieren.

PIKANTER ENTENBRUSTSALAT

ลาบเป็ด

Für 4 Portionen
50 Min. Zubereitung
4 Std. Auftauen
Pro Portion ca. 590 kcal

FÜR DIE ENTENBRUST

450 g vorgegarte TK-Entenbrustfilets (ohne Haut; Asienladen)
50 g Mehl
1 TL Öl + 1 l Öl zum Frittieren
Salz
1 TL Backpulver
50 g Speisestärke zum Wenden

FÜR DEN SALAT

4 Schalotten
4 Stängel Koriandergrün
4 Stängel Minze
1 Stängel Zitronengras
1 Stück Galgant (ca. 1 cm lang)
4 EL Klebreis (ersatzweise Basmatireis)
3 getrocknete Chilischoten
4 EL Zitronensaft
3 EL Fischsauce
1 TL Palmzuckersirup (selbst gemacht oder Asienladen)

....

Tipp: Europagras im Asienladen entdeckt? Dann sollten Sie zugreifen! Die länglichen Blättchen werden auch »langer Koriander« genannt und schmecken besonders gut in diesem Salat.

1 Die Entenbrustfilets in 3–4 Std. bei Zimmertemperatur auftauen lassen, dann waschen und trocken tupfen. Das Mehl mit 1 TL Öl, 1 Prise Salz, dem Backpulver und ca. 50 ml Wasser in einer Schüssel mit einem Schneebesen gut verrühren. Evtl. noch etwas Wasser unterrühren.

2 Das Öl zum Frittieren in einem Wok oder einer Pfanne auf 180° stark erhitzen. Die Speisestärke auf einen Teller geben. Die Mehlmischung mit einem Pinsel auf die Entenbrustfilets streichen. Die Filets in der Speisestärke wenden und im heißen Öl in 5 Min. knusprig frittieren.

3 Die Filets mit einem Schaumlöffel aus dem heißen Öl nehmen. Auf Küchenpapier abtropfen und abkühlen lassen, dann in 5 mm dicke Scheiben schneiden, nach Belieben würfeln und in einer Schüssel beiseitestellen.

4 Inzwischen für den Salat die Schalotten schälen und in dünne Ringe schneiden. Die Kräuter waschen und trocken schütteln. Koriander mit den zarten Stielen grob hacken. Minzeblätter abzupfen. Vom Zitronengras die äußeren Blätter entfernen und den Stängel in sehr dünne Ringe schneiden. Galgant schälen oder gründlich waschen und in 5 dünne Scheiben schneiden.

5 Reiskörner, Zitronengras und Galgantscheiben in einer beschichteten Pfanne ohne Öl bei schwacher Hitze langsam goldgelb rösten. Dann alles in einen Mörser geben und fein zerstoßen. Die Chilischoten ohne die Stiele in die Pfanne geben und ebenfalls bei schwacher Hitze leicht rösten, dabei vorsichtig vorgehen, damit die Chilis nicht verbrennen – sonst entsteht beißender Qualm. Die Chilis anschließend im Mörser fein zerstoßen.

6 Alle vorbereiteten Zutaten bis auf die Minze mit Zitronensaft, Fischsauce und Palmzuckersirup zum gehackten Entenbrustfilet geben und alles sorgfältig vermischen. Den Salat abschmecken und bei Bedarf nachwürzen. Auf vier Tellern anrichten, mit den Minzeblättern bestreuen. Dazu Reis und frische Gurkenscheiben servieren.

PAPAYASALAT: STREETFOOD-HERO

Der erfrischende Papayasalat ist der Lieblingssnack der Thailänder. Man bekommt ihn in sehr vielen Straßenrestaurants. Traditionell wird er im Mörser gestampft.

Obwohl als Salat bezeichnet, handelt es sich bei »Som Tam« eher um einen Snack, den man zusammen mit Klebreis isst. Man bekommt ihn in vielen Straßenrestaurants, die meistens auch knusprig gegrillte, goldbraune Hähnchenflügel auf dem Grill liegen haben – als willkommene »Beilage«!

»Som Tam« hat seinen Ursprung im Nord-Osten des Landes, dem Isaan, einer Region, in der die Menschen besonders scharf essen. Wer den Salat in Thailand probieren möchte, bestellt am besten »Som Tam Thai«, da die übliche und bei den Thailändern sehr beliebte Version, »Som Tam bla-ra«, mit reichlich fermentierter Fischsauce und getrockneten Krebsen zubereitet wird – für Europäer gewöhnungsbedürftig!

»Som« heißt übrigens »sauer« oder »unreif«, denn die verwendete, grüne Papaya ist noch nicht reif und schmeckt sauer. Sie wird in feine Streifen gehobelt und traditionell mit allen anderen Zutaten im Mörser gestampft, das bedeutet nämlich »Tam«. Gestampft wird allerdings sehr behutsam in einem großen Holzmörser mit Holzstößel. Und nach jedem Stampfen werden die Zutaten mit einem großen Löffel herumgewirbelt. Wenn die Papaya-Streifen leicht gequetscht sind und Flüssigkeit austritt, ist der »gestampfte Salat« fertig: ein erfrischender, saurer Snack!

THAILÄNDISCHER PAPAYASALAT

ส้มตำไทย

Für 4 Portionen
30 Min. Zubereitung
Pro Portion ca. 130 kcal

600 g grüne, unreife Papaya (ca. 400 g Fruchtfleisch)
80 g Schlangenbohnen (ersatzweise Prinzessbohnen)
4 Knoblauchzehen
1 kleine rote Chilischote
1 Limette
100 g Kirschtomaten
2 EL Palmzuckersirup (selbst gemacht oder Asienladen)
2 EL Fischsauce
3 EL Tamarindensaft (selbst gemacht oder Asienladen)
30 g geröstete, gesalzene Erdnusskerne

1 Die Papaya mit einem Sparschäler schälen und ggf. halbieren. Die Kerne mit einem Teelöffel entfernen und auch das Weiße gut herauskratzen. Das Fruchtfleisch waschen und trocken tupfen, dann in feine Streifen hobeln (s. Tipp).

2 Die Schlangenbohnen waschen, putzen und in 3 cm lange Stücke schneiden. Inzwischen reichlich Wasser aufkochen. Die Schlangenbohnen darin 1–2 Min. (Prinzessbohnen 2–3 Min.) blanchieren, dann eiskalt abschrecken.

3 Knoblauch schälen und hacken. Die Chilis waschen und längs halbieren. Stiele, Trennwände und Kerne entfernen. Die Hälften hacken und mit dem Knoblauch im Mörser zerstoßen.

4 Die Limette auspressen. Die Tomaten waschen, vierteln und mit der Knoblauch-Chili-Mischung und den Bohnen in eine Schüssel geben.

5 Palmzuckersirup, Fischsauce, Limettensaft und Tamarindensaft nach Geschmack hinzufügen. Die Papaya-Streifen untermischen. Den Salat nochmals abschmecken und anrichten. Die Erdnüsse hacken und darüberstreuen. Dazu passt Klebreis und gegrilltes Hähnchen.

Tipp: Thailändische Köche hacken das Fruchtfleisch mit einem großen Messer in Streifen von der Papaya.

MANGOSALAT

ยำมะม่วง

Für 4 Portionen
40 Min. Zubereitung
Pro Portion ca. 300 kcal

FÜR DEN SALAT

2 kleine grüne feste Mangos
5 Stängel Minze
½ Bund Koriandergrün
2 Schalotten
100 g geröstete Cashewkerne
2 ½ EL Kokosraspel

FÜR DAS DRESSING

2 kleine grüne Chilischoten
1 Stängel Koriandergrün mit Wurzel
2 Knoblauchzehen
5 EL Palmzuckersirup (selbst gemacht oder Asienladen)
5 EL Fischsauce
5 EL Limettensaft | Salz

1 Für den Salat die Mangos schälen, das Fruchtfleisch in dünnen Scheiben vom Stein schneiden und in Streifen schneiden. Die Kräuter waschen, trocken schütteln und grob hacken. Koriander beiseitestellen. Die Schalotten schälen und in Ringe schneiden. Die Cashewkerne nach Belieben hacken und mit Mangostreifen, Minze und Schalotten in einer Schüssel mischen. Die Kokosraspel in einer Pfanne ohne Öl anrösten, bis sie sich goldgelb färben.

2 Für das Dressing die Chilis waschen und längs halbieren. Stiele, Trennwände und Kerne entfernen. Die Hälften grob hacken. Das Koriandergrün mit Wurzel gründlich waschen, trocken schütteln und grob hacken. Knoblauch schälen.

3 Chilis, Koriander und Knoblauch in einen Mixer geben. Palmzuckersirup, Fischsauce und Limettensaft dazugeben und alles pürieren. Die Sauce mit Salz abschmecken, über die Mangomischung in der Schüssel gießen und alles gut vermischen.

4 Den Mangosalat mit den gerösteten Kokosraspeln und dem beiseitegestellten Koriandergrün bestreuen und servieren.

Info: In Thailand genießt man den fruchtig-frischen Salat als Snack oder Beilage zu Fleischgerichten.

POMELOSALAT MIT GARNELEN

ยำส้มโอกุ้ง

Auf den Märkten in Thailand sind Pomelos überall zu finden – meist zu abenteuerlichen Pyramiden gestapelt. Die kugelige Frucht, eine Mischung aus Pampelmuse und Grapefruit, gibt ihr Inneres nicht leicht preis, belohnt die Mühe aber mit feinem Fruchtfleisch.

Für 4 Portionen
45 Min. Zubereitung
Pro Portion ca. 560 kcal

FÜR DEN SALAT

150 g geschälte, rohe Garnelen (küchenfertig; frisch oder aufgetaute TK-Ware)
1 Pomelo (ca. 500 g Fruchtfleisch)
1 ½ EL Kokosraspel
5 Kaffir-Limettenblätter
3 Knoblauchzehen
3 Schalotten
8 EL Öl zum Braten
1 ½ TL geröstete, gesalzene Erdnusskerne

FÜR DAS DRESSING

2 EL Tamarindensauce (selbst gemacht oder Asienladen)
2 EL Palmzucker (ersatzweise brauner Zucker)
2 EL helle Sojasauce
Salz

....

Tipp: Für noch mehr authentischen Thai-Geschmack getrocknete Garnelen (aus dem Asienladen) im Mörser zerstoßen und dann unter das Dressing mischen.

1 Für den Salat die Garnelen in einem Sieb waschen und abtropfen lassen. In einem Topf oder einer Pfanne wenig Wasser zum Kochen bringen und die Garnelen darin 3 Min. zugedeckt garen. In ein Sieb abgießen, mit eiskaltem Wasser abschrecken und erneut abtropfen lassen.

2 Inzwischen die Pomelo schälen, auch die weiße Schicht unter der Schale entfernen. Die Frucht in der Mitte teilen und die Segmente ohne die weiße Haut herauslösen.

3 Die Kokosraspel in einer Pfanne ohne Öl anrösten, bis sie sich goldgelb färben. Die Limettenblätter waschen, trocken tupfen und in sehr feine Streifen schneiden.

4 Knoblauch schälen und in dünne Scheiben schneiden. Die Schalotten schälen und in dünne Ringe schneiden.

5 Das Öl in einer Pfanne stark erhitzen. Die Schalotten darin bei starker Hitze unter Rühren ca. 2 Min. braten, dann den Knoblauch dazugeben und beides in gut 1 Min. goldgelb braten. Herausnehmen und auf Küchenpapier abtropfen und abkühlen lassen.

6 Für das Dressing die Tamarindensauce mit Palmzucker und Sojasauce in einer großen Schüssel verrühren, das Dressing mit Salz abschmecken.

7 Alle vorbereiteten Salatzutaten in die Schüssel geben und gut mit dem Dressing vermischen. Die Erdnüsse grob hacken. Den Salat abschmecken und auf einer Servierplatte anrichten, mit den Erdnüssen bestreuen und nach Belieben mit Reis servieren.

CALAMARI-SALAT AUF THAILÄNDISCHE ART

ยำปลาหมึก

Für 4 Portionen
20 Min. Zubereitung
Pro Portion ca. 210 kcal

FÜR DAS DRESSING

1 rote Spitzpaprika
2 kleine rote Chilischoten
1 Stängel Koriandergrün mit Wurzel
2 Knoblauchzehen
5 EL Fischsauce
3 EL Palmzuckersirup (selbst gemacht oder Asienladen)
4 EL Limettensaft
Salz

FÜR DEN SALAT

700 g weiße Tintenfischtuben (Calamari; ohne Haut und Tentakeln; küchenfertig)
2 Stängel Koriandergrün
3 Schalotten
10 Kirschtomaten
2 Stängel Zitronengras

....

Info: Thai-Genießer lieben das Feuer. So wird das fruchtig-scharfe Dressing in Thai-Restaurants auch mal mit bis zu 5 Chilis zubereitet.

1 Für das Dressing die Spitzpaprika waschen und halbieren, Stiel, Trennwände und Kerne entfernen. Die Paprikahälften kleiner schneiden. Die Chilischoten waschen und längs halbieren. Stiele, Trennwände und Kerne entfernen. Die Chilihälften grob hacken.

2 Das Koriandergrün mit der Wurzel gründlich waschen, trocken schütteln und grob hacken. Knoblauch schälen und mit den klein geschnittenen Zutaten sowie Fischsauce, Palmzuckersirup und Limettensaft im Mixer fein pürieren. Das Dressing mit Salz abschmecken.

3 Für den Salat bei den Tintenfischtuben eventuelle Häute oder feste Teile entfernen. Die Tintenfischtuben waschen und trocken tupfen, dann längs halbieren und mit einem scharfen Messer kreuzweise einritzen. Anschließend in 4 cm lange Stücke schneiden.

4 Inzwischen reichlich Wasser zum Kochen bringen. Die Tintenfischstücke darin 2–3 Min. blanchieren, dann in ein Sieb abgießen, mit eiskaltem Wasser abschrecken und die Tintenfischstücke abtropfen lassen.

5 Das Koriandergrün waschen, trocken schütteln und grob schneiden. Die Schalotten schälen und in dünne Ringe schneiden. Die Tomaten waschen und vierteln. Von den Zitronengrasstängeln die äußeren Blätter entfernen und die beiden Stängel in dünne Ringe schneiden.

6 Die Tintenfischstücke mit Schalotten, Tomaten und Zitronengras in einer Schüssel mit dem Dressing vermengen und abschmecken. Den Salat auf einer Servierplatte anrichten, mit Koriandergrün bestreuen und servieren.

MEERESFRÜCHTESALAT

ยำทะเล

Besonders authentisch schmeckt der Meeresfrüchte-Salat mit Original Thai-Sellerie, der in den Asienläden auch als chinesischer Sellerie angeboten wird. Er ähnelt Staudensellerie, ist aber noch würziger und hat ganz dünne Stangen.

Für 4 Portionen
50 Min. Zubereitung
Pro Portion ca. 475 kcal

FÜR DAS DRESSING
2 rote Chilischoten
1 Stängel Koriandergrün mit Wurzel
2 Knoblauchzehen
5 EL Fischsauce
3 EL Palmzuckersirup (selbst gemacht oder Asienladen)
4 EL Limettensaft
Salz

FÜR DEN SALAT
4 Frühlingszwiebeln
1 weiße Zwiebel
50 g Thai-Sellerie (ersatzweise 2 Stangen Staudensellerie)
150 g Rotbarschfilet (frisch oder aufgetaute TK-Ware)
100 g Mehl zum Wenden
500 ml Öl zum Frittieren
450 g gemischte Meeresfrüchte (Frutti di Mare; küchenfertig; frisch oder aufgetaute TK-Ware)
Salz

1 Für das Dressing die Chilis waschen und längs halbieren. Stiele, Trennwände und Kerne entfernen. Die Hälften kleiner schneiden. Das Koriandergrün mit der Wurzel gründlich waschen, trocken schütteln und grob hacken. Knoblauch schälen und mit den klein geschnittenen Zutaten sowie Fischsauce, Palmzuckersirup und Limettensaft im Mixer fein pürieren. Das Dressing mit etwas Salz abschmecken und beiseitestellen.

2 Für den Salat die Frühlingszwiebeln putzen, waschen und schräg in 1 cm lange Stücke schneiden. Die Zwiebel schälen, halbieren und in dünne Halbringe schneiden. Thai-Sellerie waschen und in 2 cm lange Stücke schneiden. (Falls Staudensellerie verwendet wird, die Stangen vorher längs in schmale Streifen schneiden).

3 Das Rotbarschfilet waschen, trocken tupfen und in 4 cm lange Stücke schneiden. Das Mehl auf einen Teller streuen. Das Öl zum Frittieren in einer Pfanne oder einem Wok auf 180° stark erhitzen. Die Fischstücke im Mehl wenden und in dem heißen Öl 5 Min. frittieren, dann auf Küchenpapier abtropfen lassen.

4 Die Meeresfrüchte in einem Sieb waschen und abtropfen lassen. Reichlich Wasser zum Kochen bringen und mit 1 EL Salz vermischen. Die Meeresfrüchte im sprudelnd kochenden Salzwasser 2–3 Min. blanchieren, dann in ein Sieb abgießen und abtropfen lassen.

5 Fisch und Meeresfrüchte in eine Schüssel geben, das vorbereitete Dressing darübergießen, Frühlingszwiebeln, Zwiebel und Sellerie dazugeben. Alles vorsichtig vermischen und nochmals abschmecken. Den Salat lauwarm mit frischem Salat oder Gurkenscheiben servieren.

FEINE FRÜHLINGSROLLEN

ปอเปี๊ยะทอด

Für 20 Stück
1 Std. Zubereitung
20 Min. Einweichen
Pro Stück ca. 160 kcal

120 g Glasnudeln
10 getrocknete Morcheln
20 TK-Teigblätter für Frühlingsrollen
200 g Mungbohnensprossen
150 g Weißkohl
3 Knoblauchzehen
1 Möhre
2 Stängel Koriandergrün
2 Frühlingzwiebeln
250 g Hähnchenbrustfilet
4 EL Öl + 1 l Öl zum Frittieren
6 EL Austernsauce
Pfeffer
2 EL Sojasauce
1 EL Zucker
1 EL Currypulver
Salz
1 Eiweiß
süßsaure Chilisauce zum Servieren (selbst gemacht oder Asienladen)

1 Die Glasnudeln und die getrockneten Morcheln mit Wasser in getrennte Gefäße geben und jeweils 20 Min. einweichen. Die Teigblätter auftauen lassen.

2 Nach 20 Min. die Glasnudeln aus dem Wasser nehmen, abtropfen lassen und mit einer Schere in 8 cm lange Stücke schneiden. Die Morcheln ebenfalls herausnehmen, fest ausdrücken und in dünne Streifen schneiden.

3 Die Sprossen in einem Sieb abbrausen und abtropfen lassen. Den Weißkohl putzen und ohne den Strunk in feine Streifen schneiden, dann fein hacken. Knoblauch schälen und fein hacken. Die Möhre schälen und in feine Streifen schneiden oder hobeln.

4 Das Koriandergrün waschen, trocken schütteln und mit den zarten Stielen fein schneiden. Die Frühlingzwiebeln putzen, waschen und in dünne Ringe schneiden. Das Hähnchenfleisch trocken tupfen und in dünne Streifen schneiden. Die Hähnchenstreifen fein hacken.

5 4 EL Öl in einem Wok oder einer großen Pfanne erhitzen und darin den Knoblauch goldgelb anrösten. Das Hähnchenfleisch hinzugeben und unter ständigem Rühren mit 1 EL Austernsauce und 1 kräftigen Prise Pfeffer bei mittlerer Hitze garen. Das Fleisch herausnehmen und mit den vorbereiteten Zutaten, 1 Prise Pfeffer, restlicher Austernsauce, Sojasauce, Zucker, Currypulver und 1 Prise Salz in einer Schüssel gut vermengen, dann zum Abkühlen großzügig auf einem Backblech verteilen.

6 Aufgetaute Teigblätter auf der Arbeitsfläche ausbreiten. 2 EL Hähnchenmischung jeweils in die Mitte geben. Die untere Kante straff über die Füllung ziehen, linke und rechte Kante zur Mitte einschlagen, die obere Kante mit etwas Eiweiß bestreichen und die Rolle fest verschließen.

7 Das Öl zum Frittieren in einem Wok oder einer Pfanne auf 180° stark erhitzen. Die Frühlingsrollen darin portionsweise in 3–4 Min. goldbraun ausbacken, dann auf Küchenpapier abtropfen lassen. Die Frühlingsrollen auf vier Tellern anrichten und mit süßsaurer Chilisauce servieren.

GARNELENRÖLLCHEN

กุ้งห่มผ้า

Für 20 Stück
40 Min. Zubereitung
Pro Stück ca. 84 kcal

10 TK-Teigblätter für Frühlingsrollen
20 rohe Riesengarnelen mit Schale
200 g Hähnchenbrustfilet
3 Korianderwurzeln
3 Knoblauchzehen
Salz
Pfeffer
2 EL Austernsauce
1 Eiweiß
1 l Öl zum Frittieren
süßsaure Chilisauce zum Servieren (selbst gemacht oder Asienladen)

1 Die Teigblätter auftauen lassen. Die Garnelen schälen, den Kopf und ggf. den dunklen Darm entfernen, das »Schwänzchen« nicht entfernen. Die Garnelen in einem Sieb waschen und abtropfen lassen. Hähnchenfleisch trocken tupfen und in dünne Scheiben schneiden.

2 Die Korianderwurzeln gründlich waschen und trocken tupfen. Knoblauch schälen und mit den Korianderwurzeln und den Hähnchenscheiben sehr fein hacken. Die Mischung in einer Schüssel mit je 1 Prise Salz und Pfeffer und der Austernsauce vermengen.

3 Aufgetaute Teigblätter diagonal halbieren. Die Dreiecke auf der Arbeitsfläche ausbreiten und mit 1 Garnele in der Mitte belegen, dabei soll das »Schwänzchen« an der Längsseite »draußen« bleiben. Etwas Würz-Mischung neben und auf der Garnele verteilen. Dann jeweils die obere Ecke über die Garnele ziehen und das Teigdreieck aufrollen. Die letzte Ecke jeweils mit etwas Eiweiß bestreichen und die Rolle fest verschließen.

4 Das Öl zum Frittieren in einem Wok oder einer Pfanne auf 180° stark erhitzen. Die Garnelenröllchen darin portionsweise in 8–10 Min. knusprig goldbraun frittieren. Die Röllchen herausnehmen und auf Küchenpapier abtropfen lassen. Mit Chilisauce servieren.

SOMMERROLLEN MIT TOFU

ปอเปี๊ยะสด

Für 12 Stück
30 Min. Zubereitung
30 Min. Einweichen
Pro Stück ca. 60 kcal

50 g Glasnudeln
1 Möhre
½ Salatgurke
12 Blätter Eisbergsalat
½ Bund Koriandergrün
½ Bund Thai-Basilikum
200 g Tofu
2 EL Öl
12 Blätter Reispapier (20 cm ∅)
Tamarindensauce zum Servieren (selbst gemacht oder Asienladen)

1 Die Glasnudeln in kaltem Wasser 30 Min. einweichen, dann 2 Min. in kochendem Wasser garen. In ein Sieb abgießen, eiskalt abschrecken und abtropfen lassen.

2 Möhre und Gurkenhälfte schälen, längs halbieren und in dünne, 5 cm lange Streifen schneiden. Die Salatblätter waschen und trocken tupfen. Die Kräuter waschen und trocken schütteln. Die Blätter abzupfen.

3 Den Tofu abtropfen lassen und in 1 cm dicke Stücke schneiden. Das Öl in einem Wok oder einer Pfanne erhitzen. Den Tofu darin unter Rühren bei starker Hitze rundherum anbraten. Tofu herausnehmen, etwas abkühlen lassen und in feine Streifen schneiden.

4 Die Reisblätter jeweils 1 Min. in eine Schale mit lauwarmen Wasser tauchen, dann auf der Arbeitsfläche auf einem Geschirrtuch ausbreiten. Mit je 1 Blatt Eisbergsalat belegen. Tofustreifen, Glasnudeln und Kräuterblättchen jeweils in der Mitte der Blätter verteilen.

5 Jeweils die untere Kante der Reipapierblätter straff über die Füllung ziehen, die linke und rechte Kante zur Mitte einschlagen. Die Rollen nun fest aufrollen und verschließen. Die Sommerrollen auf vier Tellern anrichten und mit der Tamarindensauce servieren.

TEIGTÄSCHCHEN MIT SCHWEINEFLEISCH

เกี๊ยวทอดหมู

Die knusprigen Teigtäschchen sind in ganz Thailand beliebt und werden an jeder Straßenecke angeboten – als kleine Vorspeise oder als Snack. Unbedingt dazu gehört eine süßsaure Chilisauce.

Für 30 Stück
35 Min. Zubereitung
Pro Stück ca. 65 kcal

30 TK-Teigblätter für Wan-Tans (ca. 10 × 10 cm)
5 Wasserkastanien (aus der Dose)
1 Stängel Koriandergrün
5 Knoblauchzehen
1 Frühlingszwiebel
200 g Schweinehackfleisch
2 TL helle Sojasauce
1 EL Austernsauce
1 TL Currypulver
Pfeffer
1 l Öl zum Frittieren
süßsaure Chilisauce zum Servieren (selbst gemacht oder Asienladen)

1 Die Wan-Tan-Blätter auftauen lassen, dabei mit einem Tuch abdecken, damit sie nicht trocken werden.

2 Die Wasserkastanien in ein Sieb geben, abtropfen lassen und grob hacken. Das Koriandergrün waschen, trocken schütteln und mit den zarten Stielen fein schneiden. Knoblauch schälen und hacken. Die Frühlingzwiebel putzen, waschen und in dünne Ringe schneiden.

3 Die vorbereiteten Zutaten in eine Schüssel geben. Das Schweinehackfleisch mit Sojasauce, Austernsauce, Currypulver und 1 kräftigen Prise Pfeffer hinzufügen und alles zu einer glatten Masse verarbeiten.

4 Nach und nach ein Teigblatt vom Stapel nehmen und jeweils gut 1 TL Fleischmischung in die Mitte des Teigblattes geben. Die Teigränder nach oben heben und über der Füllung fest zusammendrücken.

5 Die Teigtäschchen auf einen Teller setzen. Das Öl zum Frittieren in einem Wok oder einer Pfanne auf 180° stark erhitzen. Die Teigtäschchen darin portionsweise in 4–6 Min. goldgelb frittieren. Die Teigtäschchen jeweils mit einem Schaumlöffel herausnehmen und auf Küchenpapier abtropfen lassen. Auf vier Tellern anrichten und mit süßsaurer Chilisauce servieren.

WÜRZIGE MAISKÜCHLEIN

ทอดมันข้าวโพด

Vegetarische Appetizer: Limettenblätter und Currypaste geben den würzigen Mini-Kuchen typisches Thai-Aroma. Meine Gäste genießen sie gern vorab und dippen sie in Chilisauce.

Für 4 Portionen
50 Min. Zubereitung
1 Std. Kühlen
Pro Portion ca. 415 kcal

285 g Mais (aus der Dose)
50 g Schlangenbohnen (ersatzweise Prinzessbohnen)
10 Kaffir-Limettenblätter
1 Ei
1 TL Backpulver
1 TL Currypulver
100 g Mehl
1 EL Sojasauce
1 EL gelbe Currypaste (selbst gemacht oder Asienladen)
Salz
Pfeffer
1 l Öl zum Braten
süßsaure Chilisauce zum Servieren (selbst gemacht oder Asienladen)

1 Den Mais in ein Sieb abgießen und abtropfen lassen. Die Schlangenbohnen waschen und in dünne Ringe schneiden, dann nach Belieben noch 1 Min. in sprudelnd kochendem Wasser blanchieren und eiskalt abschrecken. (Falls Prinzessbohnen verwendet werden, diese unbedingt 2–3 Min. blanchieren und anschließend abschrecken.) Die Limettenblätter waschen, trocken tupfen und in sehr feine Streifen schneiden.

2 Mais, Bohnen und Limettenblätter mit Ei, Backpulver, Currypulver, Mehl, Sojasauce, Currypaste und je 1 Prise Salz und Pfeffer in eine Schüssel geben und mit der Hand gut vermischen, bis alle Zutaten gut miteinander verbunden sind. Die Masse soll etwas klebrig sein. Die Maismischung 1 Std. in den Kühlschrank stellen.

3 Dann das Öl in einer Pfanne erhitzen. Aus der Masse mit einem Teelöffel runde Küchlein mit ca. 3 cm ∅ formen. Die Küchlein portionsweise ins heiße Öl geben und bei mittlerer Hitze in 4–5 Min. von jeder Seite goldbraun braten. Mit einem Schaumlöffel herausnehmen und auf Küchenpapier abtropfen lassen.

4 Die Maisküchlein auf einer großen Platte anrichten und mit süßsaurer Chilisauce servieren.

HÄHNCHENSPIESSE MIT ERDNUSSSAUCE

สะเต๊ะไก่

Für 4 Portionen
50 Min. Zubereitung
Pro Portion ca. 520 kcal

FÜR DIE HÄHNCHEN-SPIESSE

1 Stück Galgant (ca. 1 cm lang)
1 Stängel Zitronengras
½ TL Kreuzkümmel
2 TL Korianderkörner
1 TL weiße Pfefferkörner
Salz
500 g Hähnchenbrustfilet
1 EL gemahlene Kurkuma
2 EL Zucker
50 g Kokosmilch
2 EL Öl

FÜR DIE ERDNUSSSAUCE

6 EL Erdnusskerne
400 g Kokosmilch
2 EL Massaman-Currypaste (Asienladen)
8 EL Palmzuckersirup (selbst gemacht oder Asienladen)
Salz
2 EL Tamarindensaft (selbst gemacht oder Asienladen)

AUSSERDEM

12 Holz- oder Bambusspieße

....

Tipp: Für das Gurkenrelish 4 EL Wasser mit 5 EL Zucker, 3 EL Weißweinessig und 1 TL Salz 10 Min. köcheln lassen. 1 Salatgurke längs vierteln und quer in Scheibchen hobeln. Mit der Marinade und feinen Ringen von 2 Schalotten und 2-3 Chilischoten mischen und vor dem Servieren 20 Min. kühl stellen.

1 Für die Hähnchenmarinade den Galgant fein hacken. Von dem Zitronengrasstängel die äußeren Blätter entfernen und den Stängel in sehr dünne Ringe schneiden.

2 Kreuzkümmel und Korianderkörner in einer Pfanne ohne Öl anrösten, bis sie duften, dann aus der Pfanne nehmen und mit Galgant, Zitronengras, Pfefferkörnern und etwas Salz in einem Mörser zu einer Paste zerstampfen.

3 Das Hähnchenbrustfilet trocken tupfen, längs in 5 mm dünne Scheiben schneiden und in eine Schüssel geben. Die Würzpaste, Kurkuma, Zucker und Kokosmilch dazugeben und alles gut vermischen. Mit Frischhaltefolie bedeckt 30 Min. in den Kühlschrank stellen.

4 Inzwischen für die Erdnusssauce die Erdnusskerne im Mörser fein zerstoßen. Kokosmilch und Currypaste in einem kleinen Topf bei mittlerer Hitze gut verrühren und dabei erhitzen. Palmzuckersirup, 1 Prise Salz und die gemahlenen Erdnüsse hinzufügen und gut unterrühren. Die Sauce zum Schluss mit Salz und Tamarindensaft abschmecken und beiseitestellen.

5 Die marinierten Hähnchenstreifen der Länge nach wellenförmig auf die Bambusspieße stecken. Eine Grillpfanne mit dem Öl auspinseln und die Hähnchenspieße darin bei mittlerer bis starker Hitze auf beiden Seiten 1–2 Min. braten, dabei mit etwas Marinade bestreichen. Die Hähnchenspieße mit Erdnusssauce und nach Belieben auch mit einem frischen Gurkenrelish (s. Tipp) servieren.

KNUSPRIGE HÄHNCHENFLÜGEL

ปีกไก่ทอด

Chickenwings sind in meiner Heimat Snack No. 1! Besonders gut schmecken die knusprigen Hähnchenflügel mit Papayasalat und Reis. Und am besten bei Picknick oder Party am Traumstrand!

Für 4 Portionen
30 Min. Zubereitung
1 Std. Marinieren
Pro Portion ca. 595 kcal

5 Knoblauchzehen
3 Korianderwurzeln
1 TL weiße Pfefferkörner
16 Hähnchenflügel (Chickenwings)
1 TL Zucker
2 EL Fischsauce
2 EL dunkle Sojasauce
3 EL Mehl
Salz
1 ½ l Öl zum Frittieren
süßsaure Chilisauce zum Servieren (selbst gemacht oder Asienladen)

1 Für eine Marinade die Knoblauchzehen schälen und hacken. Die Korianderwurzeln gründlich waschen, trocken tupfen und grob hacken. Knoblauch, Korianderwurzel und Pfefferkörner in einem Mörser zu einer Paste zerstampfen und in eine Schüssel geben.

2 Die Hähnchenflügel waschen und trocken tupfen. Die Flügelspitzen abscheiden. Die Hähnchenflügel in die Schüssel zu der Paste geben.

3 Zucker, Fischsauce, Sojasauce, Mehl und evtl. etwas Salz hinzufügen und gründlich mit der Paste und den Hähnchenflügeln vermischen. Die Hähnchenflügel mit Frischhaltefolie bedeckt 1 Std. in den Kühlschrank stellen.

4 Das Öl zum Frittieren in einem Wok oder einer Pfanne auf 180° stark erhitzen. Die Hähnchenflügel aus der Marinade nehmen, mit Küchenpapier abtupfen und im heißen Öl portionsweise in 5 Min. goldbraun und knusprig ausbacken, dann auf Küchenpapier abtropfen lassen.

5 Die Hähnchenflügel auf einer Servierplatte anrichten und mit süßsaurer Chilisauce und Reis servieren.

TOAST MIT SESAM UND HACKFLEISCH

ขนมปังหน้าหมูกุ้ง

Für 4 Portionen
1 Std. Zubereitung
Pro Portion ca. 740 kcal

240 g geschälte, rohe Garnelen (küchenfertig; frisch oder aufgetaute TK-Ware)
2 Stängel Koriandergrün
5 Knoblauchzehen
250 g Schweinehackfleisch
1 Schuss Sherry (ersatzweise Weinbrand)
1 EL Sojasauce
2 EL Sesamöl
2 EL Maisstärke
2 Eier
Salz
½ TL Currypulver
10 Scheiben Toastbrot
4 EL heller Sesam
1 ½ l Öl zum Frittieren
süßsaure Chilisauce zum Servieren (selbst gemacht oder Asienladen; nach Belieben)

1 Die Garnelen in einem Sieb waschen, abtropfen lassen und sehr fein hacken. Das Koriandergrün waschen, trocken schütteln und mit den zarten Stielen fein hacken.

2 Garnelen und Koriandergrün in einer Schüssel mischen, die Knoblauchzehen schälen und dazupressen oder -reiben. Das Schweinefleisch untermischen. Sherry, Sojasauce, Sesamöl und knapp 2 EL Maisstärke hinzufügen und alles mit einem großen Löffel sehr gut vermischen.

3 Die Eier mit 1 Prise Salz verquirlen und unter die Schweinefleisch-Garnelen-Masse ziehen. Die Masse mit Currypulver würzen. Wenn die Masse zu flüssig ist, mit noch etwas Maisstärke gründlich unterheben.

4 Die Toastbrotscheiben diagonal in Dreiecke schneiden und mit der Masse bestreichen. Sesam auf einen flachen Teller geben und die Toastdreiecke mit der bestrichenen Seite hineindrücken. Mit den Fingern den Sesam anschließend noch etwas festdrücken.

5 Das Öl zum Frittieren in einem Wok oder einer Pfanne auf 180° stark erhitzen. Die Toasts darin portionsweise mit der bestrichenen Seite nach unten in 2–3 Min. goldbraun ausbacken, dann die Toasts herausnehmen und auf Küchenpapier abtropfen lassen. Die Toasts auf vier Teller verteilen und servieren. Nach Belieben noch süßsaure Chilisauce dazu reichen.

GERÖSTETE CHILIPASTE

น้ำพริกเผา

Für 20 kleine Portionen
1 Std. Zubereitung
Pro Portion ca. 135 kcal

20 g getrocknete, große Chilischoten (für die Farben)
10 getrocknete, kleine Chilischoten (für die Schärfe)
20 Knoblauchzehen
100 g Schalotten
150 ml Öl
200 ml Tamarindensaft (selbst gemacht oder Asienladen)
2 EL edelsüßes Paprikapulver
1 EL Garnelenpaste (nach Belieben)
Salz
2 EL Fischsauce
200 g Palmzucker

1 Die Stiele der Chilis entfernen, die großen Chilischoten entkernen. Knoblauch schälen und fein schneiden. Die Schalotten schälen und hacken.

2 2 EL Öl in einem Wok erhitzen. Alle Chilis, die Knoblauchzehen und die Schalotten darin bei mittlerer Hitze 10 Min. unter Rühren braten, bis Schalotten und Knoblauch weich sind. Aus dem Wok nehmen und abkühlen lassen.

3 Die abgekühlte Chili-Mischung mit restlichem Öl (130 ml), Tamarindensaft, 100 ml Wasser und Paprikapulver in einen Mixer geben. Nach Belieben noch die Garnelenpaste hinzufügen. Alle Zutaten im Mixer fein zerkleinern und zu einer Paste verarbeiten.

4 Die Paste aus dem Mixer nehmen und im Wok bei mittlerer Hitze pfannenrühren. 2 EL Salz, Fischsauce und Palmzucker hinzufügen und alles bei schwacher Hitze 30 Min. köcheln lassen, dabei gelegentlich umrühren. Zum Schluss die Chilpaste abkühlen lassen, abschmecken und bis zur Verwendung im Kühlschrank aufbewahren.

Tipp: Geröstete Chilipaste würzt die klassische »Tom Kha Gai«. Zum längeren Aufbewahren die Chilipaste in ein sauberes Schraubglas füllen. Sie hält sich gut verschlossen im Kühlschrank 1 Monat. Die Chilipaste lässt sich auch gut portionsweise einfrieren.

SÜSSSAURE CHILISAUCE

น้ำจิ้มปอเปี๊ยะ

Für 20 kleine Portionen
20 Min. Zubereitung
Pro Portion ca. 30 kcal

1 rote Spitzpaprika (ca. 120 g)
3 rote Chilischoten
1 Stängel Koriandergrün mit Wurzel
6 Knoblauchzehen
3 EL Essig
Salz
3 EL Fischsauce
100 g Zucker
4 EL Speisestärke

1 Spitzpaprika und Chilis waschen und halbieren, Stiele, Trennwände und Kerne entfernen. Die Paprika- und Chilihälften kleiner schneiden.

2 Das Koriandergrün mit der Wurzel gründlich waschen, trocken schütteln und grob hacken. Knoblauch schälen und mit Spitzpaprika, Chilis, Korianderwurzel und -grün sowie 200 ml Wasser im Mixer fein pürieren.

3 Die Spitzpaprika-Chili-Mischung aus dem Mixer nehmen und in einen Topf geben. Den Essig, knapp 1 TL Salz, die Fischsauce und den Zucker dazugeben. Alles zum Kochen bringen, dann 10 Min. bei schwacher Hitze unter gelegentlichem Rühren köcheln lassen.

4 Dann die Speisestärke mit etwas kaltem Wasser verrühren. Zuächst die Hälfte der Mischung unter die Chilisauce rühren, die Sauce einmal unter Rühren aufkochen und andicken lassen, bei Bedarf noch mehr von der Mischung unterrühren. Die Chilisauce abkühlen lassen, abschmecken und bis zur Verwendung gut verschlossen in einem Schraubglas im Kühlschrank aufbewahren. Oder die Chilisauce portionsweise einfrieren und bei Bedarf aus dem Tiefkühlfach holen.

SUPPEN & CURRYS

Die erfrischende »Tom Kha Gai« mit Kokosmilch kennt fast jeder. Aber in Thailand gibt es noch so viel mehr köstliche Suppen, die die Einheimischen auch gerne zum Frühstück essen. Und neben den Suppen lieben wir Thai auch aromatische Currys. Für authentischen Geschmack verrate ich Ihnen hier meine Geheimrezepte für Currypasten.

GEMÜSEBRÜHE

น้ำซุปผัก

Für 4 Portionen
1 Std. 45 Min. Zubereitung
Pro Portion ca. 5 kcal

15 getrocknete Shiitake (Pilze)
1 weißer Rettich (ca. 500 g)
5 Korianderwurzeln
5 Knoblauchzehen
1 TL weiße Pfefferkörner
1 TL Zucker

1 Die getrockneten Pilze 30 Min. in warmem Wasser einweichen. Inzwischen den Rettich schälen und in 3 cm dicke Scheiben schneiden. Die Korianderwurzeln gründlich waschen, trocken tupfen und grob hacken. Die Knoblauchzehen schälen. Die weißen Pfefferkörner in einem Mörser leicht zerstoßen.

2 Nach 30 Min. Einweichzeit die Pilze aus dem Wasser nehmen, ausdrücken und vierteln. Die Pilze dann mit Rettichscheiben, Korianderwurzeln, Knoblauch, Pfefferkörnern und Zucker in einen Suppentopf geben. 2 l Wasser dazugießen und aufkochen. Alles 15 Min. bei starker Hitze kochen lassen. Dann die Hitze verringern und weitere 45 Min. offen köcheln lassen.

3 Zum Schluss die Brühe durch ein Sieb gießen und abkühlen lassen. Im Kühlschrank aufbewahren und als Basis für vegetarische Gerichte verwenden.

Tipp: Mit Koriandergrün und Frühlingszwiebelringen bestreut ist die klare Gemüsebrühe eine schöne Vorspeise. Wer sie länger aufbewahren möchte, friert sie einfach portionsweise ein.

HÜHNERBRÜHE

น้ำซุปไก่

Für 4 Portionen
1 Std. 30 Min. Zubereitung
Pro Portion ca. 5 kcal

500 g weißer Rettich
10 Knoblauchzehen
5 Korianderwurzeln
1 Suppenhuhn (küchenfertig; ca. 1,5 Kg)
3 l Wasser

1 Den Rettich schälen und in 3 cm dicke Scheiben schneiden. Die Knoblauchzehen schälen und leicht flachklopfen. Die Korianderwurzeln gründlich waschen, trocken tupfen und etwas flacher klopfen.

2 Das Suppenhuhn, falls nötig, zerkleinern, dann waschen und mit Knoblauch, Rettich und Korianderwurzeln in einen Suppentopf geben. 3 l Wasser dazugießen und aufkochen. Alles 15 Min. bei starker Hitze kochen lassen, dabei entstehenden Schaum gelegentlich mit einem Schaumlöffel abschöpfen. Dann die Hitze verringern und die Brühe 1 weitere Std. offen köcheln lassen.

3 Zum Schluss das Suppenhuhn aus der Brühe nehmen. Die Brühe durch ein Sieb gießen und abkühlen lassen. Im Kühlschrank aufbewahren und als Basis für Nudel- und Reissuppen sowie für Currys verwenden.

Tipp: Für eine schnelle Hühnersuppe die Brühe kräftig mit Salz und Pfeffer würzen. Das Hühnerfleisch von den Knochen lösen, kleiner zupfen und mit vorgegarten Nudeln oder Reis in der Brühe erhitzen.

GLASNUDELSUPPE MIT PILZEN UND FLEISCHBÄLLCHEN

แกงจืดวุ้นเส้นไก่สับ

Für 4 Portionen
45 Min. Zubereitung
20 Min. Einweichen
Pro Portion ca. 365 kcal

200 g Glasnudeln
50 g Shiitake (Pilze)
½ kleiner Chinakohl (ca. 200 g)
2 Stängel Koriandergrün
2 Frühlingszwiebeln
4 Knoblauchzehen
2 EL Öl
350 g Hähnchenbrustfilet
3 EL Fischsauce
2 EL Austernsauce
Pfeffer
1,5 l Hühnerbrühe
Salz

1 Die Glasnudeln in heißem Wasser 20 Min. einweichen, aus dem Wasser nehmen, abtropfen lassen und mit einer Schere in 8 cm lange Stücke schneiden.

2 Inzwischen die Shiitake mit einem feuchten Tuch abreiben, die Stiele entfernen und die Hüte in Streifen schneiden oder halbieren. Chinakohl putzen, waschen und ohne den Strunk in 5 cm breite Streifen schneiden. Das Koriandergrün waschen, trocken schütteln und mit den zarten Stielen grob hacken. Die Frühlingszwiebeln putzen, waschen und in dünne Ringe schneiden.

3 Die Knoblauchzehen schälen und fein hacken. Das Öl in einem Wok erhitzen. Knoblauch darin unter Rühren goldgelb anrösten, dann herausnehmen und beiseitestellen.

4 Das Hähnchenbrustfilet trocken tupfen, in dünne Streifen schneiden und sehr fein hacken. Mit 1 EL Fischsauce, 1 EL Austernsauce und 1 kräftigen Prise Pfeffer gründlich vermischen. Aus der Masse kleine Bällchen formen.

5 Die Hühnerbrühe in einem Topf oder im Wok aufkochen, die Fleischbällchen hinzugeben und 3 Min. kochen lassen. Dann Chinakohlstreifen, Shiitake, restliche Fischsauce, übrige Austernsauce und noch 1 Prise Pfeffer dazugeben und alles weitere 3 Min. köcheln lassen.

6 Zum Schluss Glasnudeln, Frühlingszwiebeln und Koriandergrün dazugeben. Die Suppe mit Salz abschmecken und auf vier Schälchen verteilen. Mit dem gerösteten Knoblauch bestreuen und servieren.

THAI-NUDELSUPPE: GLÜCK ZUM LÖFFELN

Die heiß geliebten Suppen werden an den Ständen oft mit frisch zubereiteten Nudeln und in zahlreichen Variationen angeboten, auch noch am späten Abend und auf schwimmenden Märkten.

Nudelsuppe ist ein Lieblings-Imbiss, was man an den zahlreichen Verkaufsständen sieht, die es überall an den Straßenrändern und auf den Märkten gibt. Anders als beispielsweise in China oder Vietnam wird die Nudelsuppe in Thailand allerdings nicht zum Frühstück gegessen. Deshalb ist es fast unmöglich, vor 10 Uhr morgens eine zu bekommen, dafür umso einfacher, wenn einem spät abends nach dem Besuch in einer Bar oder Disco noch nach einem kleinen Snack zumute ist.
Kaum ein Thai würde übrigens auf die Idee kommen, seine Nudelsuppe selbst zu machen. Denn die beliebte leckere Spezialität kostet beim Straßenverkäufer wenig mehr als 30 Thai Bhat. Das sind umgerechnet etwa 80 Cent.
Und wie bestellt man als Urlauber am besten? Die meisten Straßenverkäufer haben nämlich verschiedene Nudeln im Angebot, von ganz fein bis breit, dazu meist Klößchen aus Rind- oder Schweinefleisch oder Hähnchenfilet. Entweder äußert man seine Wünsche auf Englisch. Oder man zeigt einfach, welche Nudeln und welche Klöße man bevorzugt. An fast jedem Verkaufsstand liegen außerdem auf einem Bett von Eiswürfeln auch Thai-Basilikum, Koriandergrün, Kohlblätter und/oder Bohnensprossen aus, die man dazu genießen oder mit in die Suppe geben kann.

城

NUDELSUPPE MIT HÄHNCHEN

เกี๋ยวเตี๋ยวน้ำไก่

Für 4 Portionen
40 Min. Zubereitung
20 Min. Einweichen
Pro Portion ca. 570 kcal

400 g Reisbandnudeln
300 g Hähnchenbrustfilet
3 Frühlingszwiebeln
2 Stängel Koriandergrün
4 Knoblauchzehen
2 EL Öl
150 g Mungbohnensprossen
2 l Hühnerbrühe
Salz
5 EL Fischsauce
2 EL Austernsauce
1 EL Zucker
Pfeffer

1 Die Reisbandnudeln in kaltem Wasser 20 Min. einweichen, dann in kochendem Wasser in 3 Min. bissfest garen. Sie sollten dabei nicht zu weich werden. Die Reisbandnudeln in ein Sieb abgießen, abtropfen lassen und in tiefe Suppenschalen füllen.

2 Das Hähnchenbrustfilet trocken tupfen und quer in dünne Scheiben oder längs – wie die Reisbandnudeln – in 1 mm dünne Streifen schneiden. Die Hähnchenscheiben oder -streifen in kochendem Wasser 3 Min. garen, dann in ein Sieb abgießen und über den Nudeln verteilen.

3 Die Frühlingszwiebeln putzen, waschen und schräg in dünne Ringe schneiden. Koriander waschen, trocken schütteln und mit den zarten Stielen grob hacken.

4 Die Knoblauchzehen schälen und fein hacken. Das Öl in einem Wok erhitzen. Knoblauch darin unter Rühren goldgelb anrösten, dann herausnehmen und beiseitestellen.

5 Die Mungbohnensprossen in einem Sieb abbrausen und abtropfen lassen. Die Hühnerbrühe zum Kochen bringen, 1 Prise Salz, Fischsauce, Austernsauce und den Zucker hinzufügen und alles 2–3 Min. kochen lassen, dann mit Salz und Pfeffer abschmecken.

6 Die heiße Brühe über die Reisbandnudeln und Hähnchenstücke in die Suppenschalen schöpfen. Sprossen, Frühlingszwiebel und Koriander nach Geschmack dazugeben und untermischen. Die Suppe mit Knoblauch bestreuen und servieren. Nach Belieben noch Fischsauce, Chilipulver und Zucker in kleinen Schalen zum individuellen Würzen bei Tisch dazustellen.

HÜHNERSUPPE MIT KOKOSMILCH

ต้มข่าไก่

Ein Feuerwerk an Aromen! Nicht nur meine Gäste lieben die »Tom Kha Gai«. Die Suppe bekommt ihren einzigartigen Geschmack durch frische Limettenblätter und reichlich Galgant.

Für 4 Portionen
50 Min. Zubereitung
Pro Portion ca. 635 kcal

1 Stück Galgant (ca. 5 cm lang; 50 g)
2 Stängel Zitronengras
3 kleine rote Chilischoten
7 Kaffir-Limettenblätter
200 g Champignons
100 g Kirschtomaten
½ Bund Koriandergrün
300 g Hähnchenbrustfilet
1 kg Kokosmilch
Salz
1 EL geröstete Chilipaste (selbst gemacht oder Asienladen)
4 EL Limettensaft
6 EL Fischsauce
1 EL Zucker

1 Galgant waschen oder schälen und in dünne Streifen schneiden. Vom Zitronengras die äußeren Blätter entfernen und die Stängel in sehr dünne Ringe schneiden. Chilischoten waschen, putzen und in sehr dünne Ringe schneiden. Limettenblätter waschen und trocken tupfen, die Mittelrippe entfernen und die Blätter zerzupfen.

2 Die Champignons mit einem feuchten Tuch abreiben und halbieren oder vierteln. Die Kirschtomaten waschen und ebenfalls halbieren oder vierteln. Koriandergrün waschen, trocken schütteln und mit den zarten Stielen grob hacken. Das Hähnchenbrustfilet trocken tupfen und in 5 mm dünne Scheiben schneiden.

3 Die Kokosmilch in einem Topf zum Kochen bringen. Galgantstreifen, Zitronengrasringe, Chilis, Limettenblätter und 1 kräftige Prise Salz hinzufügen. Alles nochmals aufkochen und 20 Min. bei mittlerer Hitze köcheln lassen.

4 Dann die Hähnchenscheiben dazugeben und bei starker Hitze 5 Min. unter Rühren kochen lassen. Die Champignons und die Tomaten dazugeben und weitere 2 Min. mitköcheln lassen. Zum Schluss die Chilipaste mit Limettensaft und Fischsauce unterrühren. Die Suppe mit Salz und Zucker abschmecken und auf vier Schalen verteilen. Mit Koriandergrün bestreuen und servieren.

REISSUPPE MIT FLEISCHBÄLLCHEN

ข้าวต้มหมู

Muntermacher am Morgen: Die Suppe wird traditionell mit übrig gebliebenem Reis vom Vortag zubereitet und ist das klassische thailändische Frühstück. Man löffelt sie sogar bei 35 Grad.

Für 4 Portionen
45 Min. Zubereitung
25 Min. Reis garen
Pro Portion ca. 580 kcal

4 Knoblauchzehen
1 Stück Ingwer (ca. 2 cm lang)
2 Frühlingszwiebeln
2 Stängel Koriandergrün
6 EL Öl
500 g gekochter Jasminreis (s. Tipp)
3 l Hühnerbrühe (am besten thailändische Hühnerbrühe aus dem Asienladen)
Pfeffer
5 EL Fischsauce
2 EL Austernsauce
400 g Schweinehackfleisch
1 EL Sojasauce
Salz

....

Tipp: Kein gekochter Reis übrig? Dann gut 150 g Jasminreis waschen, bis das Wasser klar bleibt, und mit gut 350 ml Wasser in einen Topf geben. Den Reis zugedeckt aufkochen, dann bei kleinster Hitze in 25 Min. ausquellen lassen. Reis neben dem Herd abkühlen lassen.

1 Die Knoblauchzehen schälen und fein hacken. Ingwer schälen und in dünne Streifen schneiden. Die Frühlingszwiebeln putzen, waschen und in feine Ringe schneiden. Das Koriandergrün waschen, trocken schütteln und mit den zarten Stielen grob hacken.

2 Das Öl in einer Pfanne erhitzen. Den gehackten Knoblauch darin bei kleiner bis mittlerer Hitze unter Rühren goldgelb anrösten. Die Pfanne vom Herd nehmen und den Knoblauch noch 2 Min. in dem Öl ziehen lassen, dann aus dem Öl nehmen und beiseitestellen.

3 Den gekochten Jasminreis in 2 l Hühnerbrühe einrühren. Die Brühe mit etwas Pfeffer, Fischsauce und Austernsauce würzen, aufkochen und 30 Min. bei schwacher Hitze offen köcheln lassen, dabei langsam den Rest der Hühnerbrühe hinzufügen und alles ab und zu umrühren, weil die enthaltene Reisstärke sonst Klümpchen bildet.

4 Inzwischen das Schweinehackfleisch in eine Schüssel geben und mit Sojasauce und 1 Prise Pfeffer würzen. Aus der Masse kleine Bällchen mit ca. 2 cm Ø formen.

5 Die Bällchen nach 30 Min. in die Brühe geben und 5 Min. mitköcheln lassen. Die Suppe mit Salz abschmecken, auf vier Schalen verteilen und mit Koriander, Knoblauch, Ingwerstreifen und Frühlingszwiebeln bestreut servieren.

KÜRBISSUPPE MIT KOKOSMILCH

ซุปฟักทอง

Für 4 Portionen
45 Min. Zubereitung
1 Std. Abkühlen
Pro Portion ca. 650 kcal

800 g Muskat-Kürbis
50 g Thai-Sellerie (ersatzweise 2 Stangen Staudensellerie)
5 Knoblauchzehen
1 weiße Zwiebel
1 großes Stück Ingwer (ca. 100 g)
3 EL Öl
1 kg Kokosmilch
1 EL Currypulver
1 EL Senf
1 EL Zucker
Salz
Pfeffer

1 Den Kürbis schälen, von Kernen und Fasern befreien und das Fruchtfleisch grob würfeln. Thai-Sellerie waschen und in 3 cm lange Stücke schneiden. (Falls Staudensellerie verwendet wird, die Stangen vorher längs in schmale Streifen schneiden). Knoblauch, Zwiebel und Ingwer schälen und fein hacken.

2 Das Öl in einem Suppentopf erhitzen. Knoblauch, Zwiebel und Ingwer darin bei schwacher bis mittlerer Hitze 5 Min. andünsten. Kürbiswürfel und 500 g Kokosmilch dazugeben und alles offen bei mittlerer Hitze 20 Min. köcheln lassen. Selleriestreifen, Currypulver, Senf, Zucker sowie je 1 kräftige Prise Salz und Pfeffer hinzufügen und alles weitere 5 Min. garen, dann von der Kochstelle nehmen und 1 Std. abkühlen lassen.

3 Die abgekühlte Kürbismischung mit dem Pürierstab fein pürieren. Das Püree nochmals unter Rühren zum Kochen bringen, dann die restliche Kokosmilch einrühren und die Suppe weitere 10 Min. bei mittlerer Hitze köcheln lassen. Zum Schluss die Suppe abschmecken, auf vier Schalen verteilen und servieren.

SCHARF-SAURE SUPPE MIT GARNELEN

ต้มยำกุ้ง

Für 4 Portionen
50 Min. Zubereitung
Pro Portion ca. 155 kcal

500 g geschälte, rohe Garnelen (küchenfertig; frisch oder aufgetaute TK-Ware)
1 Stück Galgant (ca. 3 cm lang)
2 Stängel Zitronengras
100 g Champignons
10 Kirschtomaten
3 Kaffir-Limettenblätter
4 kleine rote Chilischoten
½ Bund Koriandergrün

1 l Hühnerbrühe
3 EL Fischsauce
3 EL Limettensaft
1 EL geröstete Chilipaste (selbst gemacht oder Asienladen)
Salz

1 Die Garnelen in einem Sieb waschen und abtropfen lassen. Galgant schälen oder gründlich waschen und in 2 mm dünne Streifen schneiden. Von den Zitronengrasstängeln die äußeren Blätter entfernen und die Stängel in dünne Ringe schneiden.

2 Die Champignons mit einem feuchten Tuch abreiben und vierteln. Die Tomaten waschen und halbieren. Die Limettenblätter waschen und trocken tupfen, die Mittelrippe entfernen und die Blätter zerzupfen. Die Chilischoten waschen, putzen und in feine Ringe schneiden. Das Koriandergrün waschen, trocken schütteln und mit den zarten Stielen grob hacken.

3 Die Brühe in einem Suppentopf zum Kochen bringen. Zitronengras, Limettenblätter, Chilis und Galgant hinzufügen. Die Brühe aufkochen und 15 Min. bei mittlerer Hitze köcheln lassen, dann Fischsauce, Limettensaft und Chilipaste unterrühren und die Suppe weitere 2 Min. köcheln lassen, nach Belieben salzen.

4 Dann die Garnelen, die Kirschtomaten und die Champignons in die Brühe geben und 5 Min. mitköcheln lassen. Die Suppe auf vier Schalen verteilen, mit gehacktem Koriandergrün bestreuen und servieren.

PIKANTE GEMÜSESUPPE MIT GARNELEN

แกงเลียงกุ้ง

Für 4 Portionen
40 Min. Zubereitung
Pro Portion ca. 100 kcal

FÜR DIE GAENG-LIANG-PASTE
200 g geschälte, rohe Garnelen (küchenfertig; frisch oder aufgetaute TK-Ware)
100 g Schalotten
5 Knoblauchzehen
1 TL weiße Pfefferkörner
1 EL Garnelenpaste (ersatzweise Fischsauce)

FÜR DIE SUPPE
100 g Schlangenbohnen (ersatzweise Prinzessbohnen)
1 Zucchino (ca. 100 g)
100 g Bambussprossen (aus dem Glas)
200 g Baby-Spinat
1 kleines Bund Thai-Basilikum (am besten scharfes; Bai Grapau)
2 l Hühnerbrühe
4 EL Fischsauce
Salz

1 Für die Gaeng-Liang-Paste die Garnelen waschen und trocken tupfen, dann fein hacken. Die Schalotten und Knoblauchzehen schälen, sehr fein hacken und mit den Pfefferkörnern in einem Mörser zu einer glatten Masse zerstampfen. Die Garnelenpaste hinzufügen und untermischen. Zum Schluss die gehackten Garnelen dazugeben und alles weiterstampfen, bis eine Paste entsteht.

2 Für die Suppe die Schlangenbohnen waschen und in 3 cm lange Stücke schneiden. Den Zucchino waschen, putzen, längs vierteln und in Würfel schneiden.

3 Die Bambussprossen in einem Sieb abtropfen lassen und, falls nötig, kleiner schneiden. Den Spinat in einem Sieb waschen und abtropfen lassen. Das Basilikum waschen und trocken schütteln. Die Blätter abzupfen.

4 Die Brühe in einen Topf geben und zum Kochen bringen, die Gaeng-Liang-Paste unterrühren und die aromatisierte Brühe bei starker Hitze 5 Min. kochen lassen.

5 Dann Zucchini, Schlangenbohnen und Bambussprossen dazugeben und bei kleinerer Hitze 5 Min. mitköcheln lassen. Die Suppe mit Fischsauce und Salz abschmecken. Den Babyspinat und die Basilikumblätter bis auf einen kleinen Rest unterrühren und 2 Min. miterhitzen. Die Suppe auf vier Schalen verteilen, mit restlichen Basilikumblättern bestreuen und mit Reis servieren.

SAURE SUPPE MIT MEERESFRÜCHTEN

ต้มยำโป๊ะแตก

Reichlich Galgant, Zitronengras, Chilis und frische Kräuter machen hier aus einer Hühnersuppe mit Meeresfrüchten ein Thai-Feuerwerk der Aromen.

Für 4 Portionen
45 Min. Zubereitung
Pro Portion ca. 125 kcal

500 g gemischte Meeresfrüchte (küchenfertig; frisch oder aufgetaute TK-Ware)
2 Stängel Zitronengras
1 Stück Galgant (ca. 5 cm lang)
1 kleines Bund Thai-Basilikum (am besten scharfes; Bai Grapau)
5 Kaffir-Limettenblätter
3 kleine rote Chilischoten
2 l Hühnerbrühe
3 EL Fischsauce
4 EL Limettensaft
Salz

1 Die gemischten Meeresfrüchte in einem Sieb gründlich waschen und abtropfen lassen.

2 Vom Zitronengras die äußeren Blätter entfernen und die Stängel in dünne Ringe schneiden. Den Galgant schälen oder gründlich waschen und in feine Streifen schneiden.

3 Das Basilikum waschen und trocken schütteln, die Blätter abzupfen. Die Limettenblätter waschen und trocken tupfen, die Mittelrippen entfernen und die Blätter kleiner zupfen. Die Chilisschoten waschen.

4 Die Hühnerbrühe in einem großen Topf zum Kochen bringen, dann Zitronengrasstängel, Galgantstreifen, ganze Chilis und Limettenblätter hinzufügen und alles 10 Min. bei mittlerer Hitze kochen lassen.

5 Die Meeresfrüchte dazugeben und 5 Min. bei kleiner Hitze in der Brühe garen. Fischsauce und Limettensaft hinzufügen, die Brühe umrühren und mit Salz abschmecken. Die Suppe auf vier Schalen verteilen, mit Basilikum bestreuen und nach Belieben mit Reis servieren.

ROTE CURRYPASTE

น้ำพริกแกงแดง

Für 20 kleine Portionen
20 Min. Zubereitung
Pro Portion ca. 30 kcal

20 g kleine rote, getrocknete Chilischoten (für die Schärfe)
20 g große rote, getrocknete Chilischoten (für die Farbe)
3 Korianderwurzeln
2 Stängel Zitronengras
1 Stück Galgant (ca. 3 cm lang)
1 Schalotte
10 Knoblauchzehen
10 Kaffir-Limettenblätter
2 TL Korianderkörner
1 TL Kreuzkümmel
1 TL weiße Pfefferkörner
1 TL Garnelenpaste (nach Belieben)
4 EL Öl
Salz

1 Die Chilischoten längs halbieren, Stiele und Kerne entfernen. Die Chilihälften in Stücke schneiden. Danach die Hände gründlich waschen. Die Korianderwurzeln gründlich waschen, trocken tupfen und hacken. Vom Zitronengras die äußeren Blätter entfernen und die Stängel in dünne Ringe schneiden. Den Galgant schälen oder gründlich waschen und in dünne Scheiben schneiden.

2 Die Schalotte und die Knoblauchzehen schälen und klein hacken. Die Limettenblätter waschen und trocken tupfen, die Mittelrippe entfernen und die Blätter zerzupfen. Korianderkörner und Kreuzkümmel in einer Pfanne ohne Öl anrösten, bis sie duften.

3 Die Chilis mit den übrigen vorbereiteten Zutaten, den Pfefferkörnern und 200 ml Wasser in einen Mixer geben. Nach Belieben die Garnelenpaste hinzufügen. Alles im Mixer fein zerkleinern und zu einer Paste verarbeiten.

4 Die Chilimischung aus dem Mixer in einen Topf geben. Öl und 1 TL Salz dazugeben. Alles aufkochen und 30 Min. bei schwacher bis mittlerer Hitze unter gelegentlichem Rühren köcheln lassen. Die Currypaste abkühlen lassen, abschmecken und bis zur Verwendung gut verschlossen im Kühlschrank aufbewahren oder portionsweise einfrieren und bei Bedarf auftauen.

GRÜNE CURRYPASTE

น้ำพริกแกงเขียวหวาน

Für 20 kleine Portionen
50 Min. Zubereitung
Pro Portion ca. 25 kcal

100 g große grüne Chilischoten
100 g rote Zwiebeln
2 große Knoblauchzehen
1 großes Stück Galgant (ca. 100 g)
2 Stängel Zitronengras
10 Kaffir-Limettenblätter
2 TL Korianderkörner
1 TL Kreuzkümmel
4 EL Öl
Salz
Pfeffer
1 TL Garnelenpaste (nach Belieben)

1 Die Chilischoten waschen und längs halbieren, Stiele, Trennwände und Kerne entfernen. Die Chilihälften in lauwarmem Wasser etwa 5 Min. einweichen, dann abgießen und gut ausdrücken. Danach die Hände gründlich waschen, es brennt wie Feuer, falls Sie mit den Händen die Augen oder Schleimhäute berühren.

2 Die Zwiebeln und die Knoblauchzehen schälen und klein hacken. Den Galgant schälen oder gründlich waschen und in Scheiben schneiden. Vom Zitronengras die äußeren Blätter entfernen, Stängel in dünne Ringe schneiden. Die Limettenblätter waschen, trocken tupfen und grob schneiden. Korianderkörner und Kreuzkümmel in einer Pfanne ohne Öl anrösten.

3 Alle vorbereiteten Zutaten mit dem Öl, ½ TL Salz und etwas Pfeffer in einen Mixer geben. Nach Belieben die Garnelenpaste hinzufügen. Alles im Mixer fein zerkleinern und zu einer Paste verarbeiten. Zum Schluss die grüne Currypaste abschmecken und bis zur Verwendung im Kühlschrank aufbewahren oder portionsweise einfrieren und bei Bedarf auftauen.

Info: Die grüne Currypaste vorsichtig dosieren! Sie gilt als die schärfste Paste der thailändischen Küche.

GELBE CURRYPASTE

น้ำพริกแกงกะหรี่

Für 20 kleine Portionen
1 Std. Zubereitung
Pro Portion ca. 35 kcal

5 große rote, getrocknete Chilischoten (ca. 20 g)
1 Stängel Zitronengras
1 Schalotte
2 Knoblauchzehen
1 Stück Galgant (ca. 2 cm lang)
1 Stück Ingwer (ca. 2 cm lang)
2 TL Currypulver
1 EL Korianderkörner
½ EL Kreuzkümmel
1 EL gemahlene Kurkuma
2 EL Öl
Salz
1 TL Garnelenpaste (nach Belieben)

1 Die Chilis quer halbieren, die Stiele entfernen. Die Hälften in lauwarmem Wasser etwa 5 Min. einweichen, dann abgießen und gut ausdrücken. Danach die Hände gründlich waschen, es brennt wie Feuer, falls Sie mit den Händen die Augen oder Schleimhäute berühren.

2 Von dem Zitronengrasstängel die äußeren Blätter entfernen und den Stängel in dünne Ringe schneiden. Die Schalotte und die Knoblauchzehen schälen und grob hacken.

3 Den Galgant schälen oder gründlich waschen und in dünne Scheiben schneiden. Den Ingwer schälen und in Scheiben schneiden.

4 Alle vorbereiteten Zutaten in einen Mixer geben. Currypulver, Korianderkörner, Kreuzkümmel, Kurkumapulver, Öl und 200 ml Wasser dazugeben. Etwas Salz und nach Belieben noch die Garnelenpaste hinzufügen. Alles im Mixer fein zerkleinern und zu einer Paste verarbeiten, bei Bedarf noch etwas Wasser untermixen. Die Currypaste abschmecken und bis zur Verwendung im Kühlschrank aufbewahren oder portionsweise einfrieren und bei Bedarf auftauen.

SÜDTHAILÄNDISCHE GELBE CURRYPASTE

น้ำพริกแกงคั่ว

Für 20 kleine Portionen
20 Min. Zubereitung
Pro Portion ca. 40 kcal

20 g kleine rote, getrocknete Chilischoten (für die Schärfe)
30 g große, rote, getrocknete Chilischoten (für die Farbe)
3 Schalotten
4 Knoblauchzehen
2 Stängel Zitronengras
1 Stück Galgant (ca. 4 cm lang)
50 g frische Kurkumawurzel
10 Kaffir-Limettenblätter
1 TL weiße Pfefferkörner
1 TL Garnelenpaste (nach Belieben)
4 EL Öl
Salz

1 Die Chilis längs halbieren, Stiele und Kerne entfernen. Die Chilis in Stücke schneiden. Danach die Hände gründlich waschen. Schalotten und Knoblauch schälen und klein hacken.

2 Vom Zitronengras die äußeren Blätter entfernen und die Stängel in dünne Ringe schneiden. Galgant und Kurkumawurzel schälen oder gründlich waschen und in sehr dünne Scheiben schneiden. Limettenblätter waschen, trocken tupfen und in feine Streifen schneiden.

3 Alles mit den Pfefferkörnern und 200 ml Wasser in einen Mixer geben. Nach Belieben die Garnelenpaste hinzufügen. Alles im Mixer fein zerkleinern und zu einer Paste verarbeiten.

4 Die Chilimischung aus dem Mixer in einen Topf geben. Das Öl und etwas Salz dazugeben. Alles aufkochen und 30 Min. bei schwacher bis mittlerer Hitze unter gelegentlichem Rühren köcheln lassen. Die Currypaste abkühlen lassen, abschmecken und bis zur Verwendung im Kühlschrank aufbewahren oder portionsweise einfrieren und bei Bedarf auftauen.

CURRY MIT KNUSPRIGER ENTE

แกงคั่วเป็ด

Für 4 Portionen
40 Min. Zubereitung
4 Std. Auftauen
Pro Portion: 750 Kcal

FÜR DIE KNUSPRIGE ENTE

450 g vorgegarte TK-Entenbrustfilets (Asienladen)
50 g Mehl
1 TL Öl + 1 l Öl zum Frittieren
Salz
1 TL Backpulver
50 g Speisestärke zum Wenden

FÜR DAS CURRY

150 g golfballgroße, runde Thai-Auberginen
100 g Schlangenbohnen (ersatzweise Prinzessbohnen)
2 milde große rote Chilischoten
½ Bund Thai-Basilikum
5 Kaffir-Limettenblätter
400 g Kokosmilch
1 EL südthailändische gelbe Currypaste (selbst gemacht oder Asienladen)
3 EL Fischsauce
2 EL Palmzucker (ersatzweise brauner Zucker)
Salz

1 Die Entenbrustfilets in 3–4 Std. bei Zimmertemperatur auftauen lassen, dann waschen und trocken tupfen. Das Mehl mit 1 TL Öl, 1 Prise Salz, dem Backpulver und ca. 50 ml Wasser in einer Schüssel gut verrühren.

2 Das Öl zum Frittieren in einem Wok oder einer Pfanne auf 180° stark erhitzen. Die Speisestärke auf einen Teller geben. Die Mehlmischung mit einem Pinsel auf die Entenbrustfilets streichen. Die Filets anschließend in der Speisestärke wenden und im heißen Öl in 5 Min. knusprig frittieren, dabei mehrmals wenden. Die Filets mit einem Schaumlöffel aus dem heißen Öl nehmen. Auf Küchenpapier abtropfen lassen, dann warm stellen.

3 Für das Curry die Auberginen waschen, putzen und längs in Stücke schneiden. Die Schlangenbohnen waschen, putzen und ggf. halbieren. Die Chilis waschen und längs halbieren. Stiele, Trennwände und Kerne entfernen. Die Hälften in Streifen oder Ringe schneiden.

4 Das Basilikum waschen und trocken schütteln. Die Blätter abzupfen. Die Limettenblätter waschen, trocken tupfen und in sehr feine Streifen schneiden.

5 In einem Topf die Kokosmilch erhitzen. Currypaste, Fischsauce, Palmzucker und nach Belieben 1 Prise Salz unterrühren. Alles 1 Min. bei schwacher Hitze offen köcheln lassen. Bohnen und Auberginen hinzufügen und alles weitere 5 Min. köcheln lassen. Basilikumblätter bis auf einen kleinen Rest und die Chilistreifen dazugeben und den Topf von der Kochstelle nehmen.

6 Das Curry auf Schalen verteilen. Die knusprige Entenbrust quer in 5 mm dünne Scheiben schneiden und darauflegen. Curry mit restlichem Basilikum und Limettenblättern bestreuen und servieren. Dazu passt Duftreis.

GELBES CURRY MIT HÄHNCHEN

แกงกะหรี่ไก่

Für 4 Portionen
35 Min. Zubereitung
Pro Portion ca. 820 kcal

100 g Zwiebeln
250 g gekochte Pellkartoffeln (am besten vom Vortag; s. Tipp)
1 Stängel Koriandergrün
450 g Hähnchenbrustfilet
1 kg Kokosmilch
3 EL gelbe Currypaste (selbst gemacht oder Asienladen)
100 g Cashewkerne
3 EL Fischsauce
2 EL Palmzucker (ersatzweise brauner Zucker)
Salz

1 Die Zwiebeln schälen und klein würfeln. Die Kartoffeln pellen und in mundgerechte Würfel schneiden. Koriandergrün waschen, trocken schütteln und mit den zarten Stielen grob hacken. Das Hähnchenbrustfilet trocken tupfen und quer in 5 mm dünne Scheiben schneiden.

2 200 g Kokosmilch in einem Topf erhitzen. Die Currypaste hinzufügen und unter Rühren 2 Min. garen. Das Hähnchenfleisch sorgfältig untermischen und 2 Min. mitgaren, anschließend die restliche Kokosmilch nach und nach hinzufügen. Die Kartoffel- und Zwiebelwürfel dazugeben und weitere 2–3 Min. mitköcheln lassen. Dann die Cashewkerne unterrühren.

3 Zum Schluss Fischsauce und Palmzucker hinzufügen und die Sauce in 3 Min. etwas einköcheln lassen, dann mit Salz abschmecken. Das Curry auf vier Schalen verteilen, mit dem Koriandergrün bestreuen und mit Reis servieren.

Tipp: Für die Pellkartoffeln 250 g festkochende Kartoffeln waschen und in der Schale in wenig Wasser in 25–30 Min. weich kochen. Kartoffeln abgießen und ausdampfen lassen.

ROTES CURRY MIT HÄHNCHEN

แกงเผ็ดไก่

Für 4 Portionen
45 Min. Zubereitung
Pro Portion ca. 190 kcal

150 g golfballgroße, runde Thai-Auberginen
50 g erbsengroße Thai-Auberginen
100 g Schlangenbohnen (ersatzweise Prinzessbohnen)
1 kleine rote Paprika | Salz
4 Stängel Thai-Basilikum
10 Kaffir-Limettenblätter
100 g Bambussprossen (aus der Dose)
400 g Hähnchenbrustfilet
1 kg Kokosmilch
2 EL rote Currypaste (selbst gemacht oder Asienladen)
3 EL Fischsauce
2 EL Palmzucker

1 Auberginen, Schlangenbohnen und Paprika waschen. Kaltes Wasser in eine Schüssel füllen, 1 TL Salz einrühren. Die runden Auberginen putzen und längs in sechs Stücke schneiden, dann in das vorbereitete Salzwasser legen. Die erbsengroßen Auberginen abzupfen. Die Schlangenbohnen in 3 cm lange Stücke schneiden. Die Paprika längs vierteln, Stiel, Trennwände und Kerne entfernen. Die Viertel quer in hauchdünne Streifchen schneiden.

2 Das Basilikum waschen und trocken schütteln. Die Blätter abzupfen. Limettenblätter waschen, trocken tupfen und fein schneiden. Die Bambussprossen in einem Sieb abtropfen lassen und, falls nötig, kleiner schneiden.

3 Das Hähnchenfleisch trocken tupfen und quer in 3 mm dünne Scheiben schneiden.

4 Die Kokosmilch in einem Topf erhitzen. Die Currypaste hinzufügen und unter Rühren 2 Min. garen. Fischsauce und Palmzucker hinzufügen und die Sauce in 3 Min. etwas einköcheln lassen, dann mit Salz abschmecken. Hähnchenfleisch, Auberginen, Schlangenbohnen, Bambussprossen hinzugeben und 5–10 Min. bei schwacher bis mittlerer Hitze köcheln lassen. Dann die Limettenblätter unterrühren und 1 Min. mitgaren.

5 Das Curry auf vier Schalen verteilen, mit den Paprikastreifen und Basilikumblättern bestreuen und mit Reis servieren.

SCHWEINEFLEISCH MIT AUBERGINEN

ผัดเผ็ดหมู

Für 4 Portionen
45 Min. Zubereitung
Pro Portion ca. 215 kcal

120 g golfballgroße, runde Thai-Auberginen
60 g erbsengroße Thai-Auberginen
3 Stängel Thai-Basilikum (am besten süßes; Bai Horapa)
5 Kaffir-Limettenblätter
20 g frische grüne Pfefferkörner (an der Rispe)
1 große rote Chilischote
500 g Schweinefilet
2 EL Öl
1 EL rote Currypaste (selbst gemacht oder Asienladen)
1 TL Palmzucker (ersatzweise brauner Zucker)
2 EL Fischsauce
Salz

1 Die Auberginen waschen, die runden in sechs Stücke schneiden, die Erbsenauberginen abzupfen. Basilikum waschen und trocken schütteln. Die Blätter abzupfen. Die Rispe mit den Pfefferkörnern waschen und in 2 cm lange Stücke schneiden. Die Limettenblätter waschen und trocken tupfen, die Mittelrippe entfernen und die Blätter zerzupfen. Die Chili waschen und längs halbieren. Stiel, Trennwände und Kerne entfernen. Die Chilihälften in Streifen schneiden.

2 Das Schweinefilet trocken tupfen und in dünne Scheiben schneiden. Das Öl in einem Wok oder einer Pfanne erhitzen. Die Currypaste darin bei mittlerer Hitze 3 Min. anbraten. Das Schweinefleisch hinzufügen und unter Rühren 2 Min. mitbraten, dann die Hitze etwas erhöhen.

3 Die beiden Auberginensorten dazugeben, dann Palmzucker und Fischsauce hinzufügen. Alles weitere 3 Min. pfannenrühren, bis die Auberginen weich sind. Den größten Teil der Chilistreifen und die Pfefferkörner dazugeben. Alles mit Salz abschmecken. Die Limettenblätter einrühren. Alles auf einer großen Servierplatte anrichten, mit Basilikum und restlichen Chilistreifen bestreuen und mit Reis servieren.

KOKOS-RINDFLEISCH-CURRY

แพนงเนื้อ

Für 4 Portionen
45 Min. Zubereitung
Pro Portion ca. 715 kcal

300 g Rinderlende
2 rote Chilischoten
200 g Schlangenbohnen (ersatzweise Prinzessbohnen)
2 Kaffir-Limettenblätter
4 Stängel Thai-Basilikum
5 EL Öl
2 EL rote Currypaste (selbst gemacht oder Asienladen)
100 g Erdnussmus
1 EL Fischsauce
2 TL Palmzucker (ersatzweise brauner Zucker)
Salz
650 g Kokosmilch

1 Das Rindfleisch trocken tupfen und in dünne Scheiben schneiden. Die Chilischoten waschen, putzen und in Ringe schneiden. Die Schlangenbohnen waschen, putzen und in 2 cm lange Stücke schneiden.

2 Die Limettenblätter waschen, trocken tupfen und in sehr feine Streifen schneiden. Basilikum waschen und trocken schütteln. Die Blätter abzupfen.

3 Das Öl in einem Wok oder einer Pfanne erhitzen. Die Currypaste darin bei mittlerer Hitze 3 Min. anbraten. Anschließend Erdnussmus, Fischsauce und Palmzucker hinzufügen, nach Belieben alles salzen und verrühren.

4 Das Fleisch hinzufügen und unter Rühren 2–3 Min. mitbraten. Dann die Kokosmilch dazugeben. Aufkochen und alles 15 Min. kochen lassen, bis das Fleisch weich wird. Dann die Schlangenbohnen untermischen und noch 1 Min. (Prinzessbohnen 2–3 Min.) mitgaren, zum Schluss die Chiliringe und Limettenblattstreifen unterrühren. Das Kokos-Rindfleisch-Curry mit Basilikumblättern bestreuen und mit Reis servieren.

FISCHFILET MASSAMAN

มัสมั่นปลา

Für 4 Portionen
35 Min. Zubereitung
40 Min. kochen
Pro Portion ca. 720 kcal

300 g festkochende Kartoffeln
2 Stängel Koriandergrün
1 rote Chilischote
50 g Erdnusskerne
500 g Rotbarschfilet
500 ml Öl zum Frittieren +
2 EL Öl
2 EL Massaman-Currypaste
(Asienladen)
500 g Kokosmilch
2 EL Erdnussmus
3 EL Palmzucker (ersatzweise
brauner Zucker)
2 EL Fischsauce
Salz

....

Tipp: Hier wird die Chili – wie in Thailand üblich – nur gewaschen und dann in feine Ringe geschnitten. Wer's milder mag, halbiert die Schote vorher und entfernt Kerne und weiße Trennwände.

1 Die Kartoffeln waschen, in der Schale in wenig Wasser in 25–30 Min. weich kochen, dann abgießen und ausdampfen lassen. Die Kartoffeln pellen und grob würfeln.

2 Das Koriandergrün waschen, trocken schütteln und mit den zarten Stielen grob hacken. Die Chilischote waschen, putzen und in dünne Ringe schneiden. Die Erdnusskerne in einer Pfanne ohne Öl anrösten.

3 Das Rotbarschfilet waschen, trocken tupfen und in 4 cm große Stücke schneiden. Das Öl zum Frittieren in einem Wok oder einer Pfanne auf 180° stark erhitzen. Die Fischstücke darin portionsweise in 3 Min. knusprig frittieren, dann mit einem Schaumlöffel herausnehmen und auf Küchenpapier abtropfen lassen.

4 2 EL Öl in einem Wok oder einer Pfanne erhitzen. Die Currypaste darin bei mittlerer Hitze 2 Min. anbraten. Dann Kokosmilch, Erdnussmus, Palmzucker und Fischsauce hinzufügen und auf kleiner Flamme in 5 Min. cremig einköcheln lassen. Die Sauce mit Salz abschmecken.

5 Die gekochten Kartoffeln und die gerösteten Erdnüsse hinzufügen. Alles weitere 3 Min. köcheln lassen, dann den frittierten Fisch dazugeben und noch 2 Min. miterhitzen. Das Curry auf vier Schalen verteilen und mit Chiliringen und Koriandergrün bestreut servieren.

SÜDTHAILÄNDISCHES CURRY MIT GARNELEN

แกงกุ้งมะระคั่ว

Für 4 Portionen
45 Min. Zubereitung
Pro Portion ca. 410 kcal

450 g geschälte, rohe Garnelen (küchenfertig; frisch oder aufgetaute TK-Ware)
300 g grüne, unreife Papaya (ca. 200 g Fruchtfleisch)
150 g Schlangenbohnen (ersatzweise Prinzessbohnen)
1 rote milde Chilischote (ersatzweise Spitzpaprika)
10 Kaffir-Limettenblätter
3 Stängel Thai-Basilikum (am besten süßes; Bai Horapa)
500 g Kokosmilch
2 EL südthailändische gelbe Currypaste (selbst gemacht oder Asienladen)
3 EL Fischsauce
3 EL Palmzucker (ersatzweise brauner Zucker)

1 Die Garnelen in einem Sieb waschen und abtropfen lassen. Die Papaya mit einem Sparschäler schälen und ggf. halbieren. Die Kerne mit einem Teelöffel entfernen und auch das Weiße gut herauskratzen. Das Papaya-Fruchtfleisch waschen und trocken tupfen, dann in dünne, mundgerechte Scheiben schneiden.

2 Die Schlangenbohnen waschen, putzen und in 3 cm lange Stücke schneiden. Die Chili waschen und längs halbieren. Stiele, Trennwände und Kerne entfernen. Die Chilihälften in 5 mm dünne Streifen schneiden. Die Limettenblätter waschen, trocken tupfen und in sehr feine Streifen schneiden. Das Basilikum waschen und trocken schütteln. Die Blätter abzupfen.

3 Die Kokosmilch in einem Topf erhitzen. Die Currypaste mit Fischsauce, Palmzucker und etwas Salz hinzufügen und alles 1 Min. köcheln lassen. Die Schlangenbohnen und die Papayascheiben dazugeben und 5 Min. mitgaren. Dann die Garnelen untermischen und alles weitere 3 Min. köcheln lassen.

4 Zum Schluss die Basilikum- und Limettenblätter sowie die Chilistreifen dazugeben. Das Curry auf vier Schalen verteilen und mit Reis servieren.

GRÜNES CURRY MIT MEERESFRÜCHTEN

แกงเขียวหวานทะเล

Für 4 Portionen
45 Min. Zubereitung
Pro Portion ca. 540 kcal

Salz
10 golfballgroße, runde Thai-Auberginen
100 g erbsengroße Thai-Auberginen
1 rote Chilischote
200 g geschälte, rohe Garnelen (küchenfertig; frisch oder aufgetaute TK-Ware)
100 g weiße Tintenfischtuben (Calamari; ohne Haut und Tentakeln; küchenfertig)
150 g Kabeljaufilet
1 EL Öl
800 g Kokosmilch
2 EL grüne Currypaste (selbst gemacht oder Asienladen)
3 EL Fischsauce
2 ½ EL Palmzucker (ersatzweise brauner Zucker)
5 Kaffir-Limettenblätter
2 Stängel Thai-Basilikum (am besten süßes; Bai Horapa)

1 Kaltes Wasser in eine Schüssel füllen, 1 TL Salz einrühren. Die Auberginen waschen, die runden in 6 Stücke schneiden, dann in das Salzwasser legen. Die erbsengroßen Auberginen abzupfen.Die Chili waschen und längs halbieren. Stiele, Trennwände und Kerne entfernen. Die Hälften in 5 mm dünne Streifen schneiden.

2 Garnelen in einem Sieb waschen und abtropfen lassen. Bei den Tintenfischtuben eventuelle Häute oder feste Teile entfernen. Die Tuben waschen und trocken tupfen, dann längs halbieren und mit einem scharfen Messer kreuzweise einritzen. Die Tuben dann in 4 cm lange Stücke schneiden. Inzwischen reichlich Wasser zum Kochen bringen. Die Tintenfischstücke darin 2–3 Min. blanchieren, dann in ein Sieb abgießen, mit eiskaltem Wasser abschrecken und abtropfen lassen.

3 Das Kabeljaufilet waschen, trocken tupfen und in 4 cm große Stücke schneiden. Das Öl im Wok oder einer Pfanne erhitzen, die Fischstücke darin bei mittlerer Hitze 3 Min. auf beiden Seiten anbraten, dann herausnehmen und auf Küchenpapier abtropfen lassen.

4 Im Wok oder in der Pfanne 200 g Kokosmilch erhitzen. Die Currypaste hinzufügen und 2 Min. mitköcheln lassen. Die restliche Kokosmilch dazugießen und alles zum Kochen bringen. Fischsauce, etwas Salz und Palmzucker hinzufügen und alles weitere 2 Min. köcheln lassen. Dann die Auberginen dazugeben und 3 Min. mitgaren. Anschließend Garnelen und Tintenfischstücke hinzufügen und 5 Min. in der Kokosmilch mitgaren.

5 Inzwischen die Limettenblätter waschen und trocken tupfen, die Mittelrippe entfernen und die Blätter zerzupfen. Mit den Fischstücken unterrühren und 1 Min. mitgaren. Zum Schluss das Basilikum waschen und trocken schütteln. Die Blätter abzupfen und zum Curry geben. Das Curry in vier Schalen anrichten, mit den Chilistreifen bestreuen und mit Duftreis servieren.

GELBES CURRY MIT MUSCHELN UND ANANAS

แกงกุ้งสับปะรดหอยแมลงภู่

Für 4 Portionen
30 Min. Zubereitung
2 Std. Auftauen
Pro Portion ca. 545 kcal

100 g TK-Miesmuschelfleisch
400 g geschälte, rohe TK-Riesengarnelen
½ Ananas
1 rote Paprika
5 Kaffir-Limettenblätter
700 g Kokosmilch
3 EL gelbe Currypaste (selbst gemacht oder Asienladen)
4 EL Fischsauce
2 EL Palmzucker (ersatzweise brauner Zucker)
Salz
1 kleines Bund Thai-Basilikum (am besten süßes; Bai Horapa)

1 Das Miesmuschelfleisch und die Garnelen in ca. 2 Std. bei Zimmertemperatur auftauen lassen, anschließend jeweils in einem Sieb waschen und abtropfen lassen.

2 Die Ananashälfte längs durchschneiden und schälen. Den Strunk entfernen und das Ananasfleisch würfeln. Die Paprika waschen und halbieren, Stiele, Trennwände und Kerne entfernen. Die Hälften in 3 cm lange, dünne Streifen schneiden. Die Limettenblätter waschen, trocken tupfen und in sehr feine Streifen schneiden.

3 500 g Kokosmilch in einem Topf erhitzen. Die Currypaste hinzufügen und 2 Min. mitköcheln lassen. Die Ananaswürfel dazugeben und weitere 5 Min. mitköcheln lassen. Restliche Kokosmilch hinzufügen und erhitzen.

4 Das Muschelfleisch und die Garnelen einrühren, Fischsauce und Palmzucker dazugeben. Die Kokosmilchmischung mit Salz abschmecken, Paprika und Limettenblätter hinzufügen und 3 Min. mitköcheln lassen.

5 Inzwischen das Basilikum waschen und trocken schütteln. Die Blätter abzupfen. Das Curry in vier Schalen anrichten, mit Basilikum bestreuen und mit Reis servieren.

HAUPTSPEISEN

Die Thai-Küche vereint chinesische, indische und europäische Einflüsse. Daher ist sie so unglaublich vielfältig. Übrigens gibt es in meiner Heimat die klassische Menüfolge nicht. Und jeder bekommt auch nicht nur »sein« Gericht. Meistens werden Currys, Fleisch, Fisch und Gemüse auf einmal serviert und geteilt, damit alle von allem probieren können.

HÄHNCHEN MIT CASHEWKERNEN UND TAMARINDENSAUCE

ไก่ผัดเม็ดมะม่วง

Für 4 Portionen
1 Std. Zubereitung
Pro Portion ca. 700 kcal

FÜR DIE SAUCE

100 ml Tamarindensaft (selbst gemacht oder Asienladen)
125 g Palmzucker
4 EL Fischsauce
2 EL Austernsauce
½ EL dunkle Sojasauce
½ EL geröstete Chilipaste (selbst gemacht oder Asienladen)
Salz
Chilipulver
1 ½ EL Speisestärke

FÜR DAS HÄHNCHEN

2 große rote Chilischoten
1 große rote Paprika
2 Bund Frühlingszwiebeln
1 kleine Zwiebel
3 Knoblauchzehen
140 g Wasserkastanien (aus der Dose)
400 g Hähnchenbrustfilet
50 g Cashewkerne
50 g Mehl zum Wenden
200 ml Öl zum Braten + 2 EL Öl

....

Tipp: Saucenfans machen gleich die doppelte Menge Tamarindensauce und frieren den Rest einfach ein – die Sauce passt auch sehr gut zu gebratener Entenbrust.

1 Für die Tamarindensauce den Tamarindensaft mit Palmzucker, Fischsauce, Austernsauce, Sojasauce, Chilipaste, je 1 Prise Salz und Chilipulver in einem Topf aufkochen und unter Rühren 10 Min. bei schwacher Hitze köcheln lassen. Dann mit einem Schneebesen die Speisestärke und 100 ml Wasser in einer Schüssel verrühren und nach und nach unter die Mischung im Topf rühren. Die Tamarindensauce nochmals unter Rühren aufkochen, andicken, abschmecken und bei Bedarf noch etwas Wasser unterrühren. Die Sauce beiseitestellen.

2 Für das Hähnchen Chilis und Paprika waschen und halbieren. Stiele, Trennwände und Kerne entfernen, die Hälften in 5 mm dünne Streifen schneiden. Die Frühlingszwiebeln putzen und waschen. Die hellen Teile in Stücke schneiden, dunkles Grün für ein anderes Gericht verwenden. Die Zwiebel schälen, halbieren und in dünne Streifen schneiden. Knoblauch schälen und fein hacken. Die Wasserkastanien abtropfen lassen und halbieren.

3 Das Hähnchenfleisch trocken tupfen und in 5 mm dünne Scheiben schneiden. Das Mehl auf einen Teller geben. Die Hähnchenscheiben darin wenden.

4 Die Cashewkerne in einer Pfanne oder einem Wok ohne Öl anrösten, dann herausnehmen. Das Öl zum Braten in der Pfanne oder im Wok erhitzen. Die Hähnchenscheiben darin in zwei Portionen jeweils 5 Min. rundherum braten, bis sie leicht gebräunt sind. Die Scheiben auf Küchenpapier abtropfen lassen.

5 Die 2 EL Öl in einer separaten Pfanne erhitzen. Knoblauch darin 1 Min. unter Rühren braten. Dann Chilis, Zwiebelstreifen, Paprika, Wasserkastanien, Cashewkerne hinzufügen und weiter ca. 3 Min. braten. Die Tamarindensauce unterrühren. Die gebratenen Hähnchenbrustfilets hinzufügen und weitere 5 Min. mitgaren. Zum Schluss die Frühlingszwiebeln hinzugeben. Alles auf vier Schalen verteilen und mit Reis servieren.

SCHWEINEHACKFLEISCH MIT BASILIKUM

หมูผัดพริก

Für 4 Portionen
30 Min. Zubereitung
Pro Portion ca. 295 kcal

100 g Schlangenbohnen (ersatzweise Prinzessbohnen)
2 milde große rote Chilischoten (ersatzweise Spitzpaprika)
3 kleine rote Chilischoten
5 Knoblauchzehen
3 EL Öl
300 g Schweinehackfleisch
1 EL Fischsauce
1 EL dunkle Sojasauce
1 EL Austernsauce
1 TL Zucker
Pfeffer
1 kleines Bund Thai-Basilikum (am besten scharfes; Bai Grapau)

1 Die Schlangenbohnen waschen, putzen und in 3 cm lange Stücke schneiden. Alle Chilischoten waschen und längs halbieren. Stiele, Trennwände und Kerne entfernen, die großen Chilihälften längs in Streifen schneiden, die kleinen grob hacken.

2 Knoblauch schälen, grob hacken und im Mörser mit den gehackten Chilis mischen und fein zerstoßen.

3 Das Öl in einer Pfanne oder einem Wok erhitzen, die Chili-Knoblauch-Mischung dazugeben und 1 Min. braten. Das Schweinehackfleisch hinzufügen und 5 Min. bei mittlerer bis starker Hitze unter Rühren braten. Die Bohnen dazugeben und 2 Min. unter Rühren mitbraten, dann die Chilistreifen, Fisch-, Soja- und Austernsauce sowie Zucker und etwas Pfeffer hinzugeben. Alles weitere 2 Min. unter Rühren braten.

4 Basilikum waschen und trocken schütteln. Die Blätter abzupfen, die Hälfte davon unter die Hackfleischmischung rühren. Das Gericht auf vier Schalen verteilen, mit restlichen Basilikumblättern bestreuen und mit Duftreis servieren.

RINDFLEISCH-PAPRIKA-WOK

เนื้อผัดพริก

Für 4 Portionen
30 Min. Zubereitung
Pro Portion ca. 280 kcal

4 Knoblauchzehen
1 Zwiebel
2 große rote Spitzpaprika
2 große grüne Spitzpaprika
2 Frühlingszwiebeln
300 g Rinderfilet
5 EL Öl
2 EL Fischsauce
1 TL dunkle Sojasauce
1 EL Austernsauce
Pfeffer
1 EL Zucker
2 Stängel Thai-Basilikum (am besten süßes; Bai Horapa)

1 Die Knoblauchzehen schälen und grob hacken. Die Zwiebel schälen und in Würfel schneiden. Spitzpaprikaschoten waschen und halbieren, Stiele, weiße Trennwände und Kerne entfernen. Die Hälften in mundgerechte Stücke schneiden. Die Frühlingszwiebeln putzen, waschen und in 2 cm lange Stücke schneiden.

2 Das Rindfleisch trocken tupfen und in dünne Streifen schneiden. Das Öl in einem Wok erhitzen, Knoblauch darin unter Rühren bei mittlerer Hitze goldgelb anbraten, dann das Fleisch hinzufügen, gut untermischen und 3–5 Min. braten, bis es nach Wunsch rosa oder durchgebraten ist. Die Hitze verringern und alles mit Fisch-, Soja- und Austernsauce, 1 kräftigen Prise Pfeffer und Zucker würzen und abschmecken.

3 Zwiebelwürfel und Paprika hinzufügen und alles bei mittlerer Hitze noch ca. 2 Min. weiterbraten. Das Basilikum waschen und trocken schütteln. Die Blätter abzupfen und mit den Frühlingszwiebeln untermischen. Das Gericht auf vier Teller verteilen und mit Reis servieren.

GEBRATENES RINDFLEISCH MIT FINGERWURZ

เนื้อผัดฉ่า

Fingerwurz gibt dem Rindfleisch intensives, fast medizinisches Aroma. Mit Chili, Limettenblättern und frischen grünen Pfefferkörnern ein Festival für alle Sinne – Thai-Food at its best!

Für 4 Portionen
35 Min. Zubereitung
Pro Portion ca. 315 kcal

50 g Fingerwurz (Krachai)
100 g Schlangenbohnen (ersatzweise Prinzessbohnen)
100 g golfballgroße, runde Thai-Auberginen
30 erbsengroße Thai-Auberginen
1 rote Spitzpaprika
3 rote Chilischoten
5 Knoblauchzehen
400 g Rinderfilet
100 g Bambussprossen (aus der Dose)
20 g frische grüne Pfefferkörner (an der Rispe)
5 Kaffir-Limettenblätter
1 kleines Bund Thai-Basilikum (am besten scharfes; Bai Grapau)
4 EL Öl (s. Tipp)
3 EL Fischsauce
2 EL Austernsauce
1 EL Sojasauce
4 cl Mekhong (ersatzweise Rum oder Whiskey)
1 TL Zucker
200 ml Hühnerbrühe

Tipp: Ich verwende sehr gern Erdnussöl, weil es sich hoch erhitzen lässt, fast geruchlos ist und nur wenig Eigengeschmack hat.

1 Fingerwurz sehr gründlich waschen und in 3 cm lange, dünne Streifen schneiden. Die Schlangenbohnen waschen und in 3 cm lange Stücke schneiden. Die runden Auberginen waschen und vierteln. Die Ebsenauberginen ebenfalls waschen und abzupfen.

2 Spitzpaprika und Chilis waschen und längs halbieren. Stiele, Trennwände und Kerne entfernen. Die Spitzpaprikahälften in hauchdünne Streifen schneiden und beiseitelegen. Die Chilihälften grob hacken. Die Knoblauchzehen schälen, grob hacken und mit den Chilis im Mörser zerstampfen oder im Mixer pürieren.

3 Das Rinderfilet trocken tupfen und in 5 mm dünne Scheiben schneiden. Die Bambussprossen in einem Sieb abtropfen lassen und, falls nötig, kleiner schneiden. Die Rispe mit den Pfefferkörnern waschen und in Stücke schneiden. Die Limettenblätter waschen, trocken tupfen und in feine Streifen schneiden. Das Basilikum waschen und trocken schütteln. Die Blätter abzupfen.

4 Das Öl im Wok erhitzen, die Chili-Knoblauch-Mischung dazugeben und 1 Min. bei mittlerer bis starker Hitze unter Rühren braten. Das Rindfleisch hinzufügen und 3–5 Min. unter Rühren mitbraten.

5 Schlangenbohnen, Auberginen, Fingerwurzstreifen, Bambussprossen und grünen Pfeffer dazugeben und weitere 2 Min. unter Rühren mitbraten. Fisch-, Austern- und Sojasauce sowie Mekhong, Zucker und 100 ml Hühnerbrühe hinzufügen, bei Bedarf auch mehr Brühe.

6 Zum Schluss die Basilikum- und Limettenblätter in den Wok geben und unterrühren. Das Gericht auf vier Teller verteilen, mit den beiseitegelegten Spitzpaprikastreifen bestreuen und mit Duftreis servieren.

GEGRILLTES RINDFLEISCH MIT PIKANTEM DIP

เนื้อย่างจิ้มแจ่ว

Für 4 Portionen
45 Min. Zubereitung
1 Std. Marinieren
Pro Portion ca. 350 kcal

5 Knoblauchzehen
5 Korianderwurzeln
1 TL weiße Pfefferkörner
2 EL Weinbrand
2 EL Fischsauce
1 EL Zucker
Salz
2 EL Austernsauce
5 EL Öl
500 g Rinderlende (Roastbeef)
5 Stängel Minze

FÜR DEN DIP
1 EL Klebreis
1 Schalotte
1 Stängel Koriandergrün
2 EL Fischsauce
½ TL scharfes Chilipulver (Asienladen)
1 EL Tamarindensaft (selbst gemacht oder Asienladen)
1 TL Palmzuckersirup (selbst gemacht oder Asienladen)

1 Für eine Marinade die Knoblauchzehen schälen und hacken. Die Korianderwurzeln gründlich waschen, trocken tupfen und grob hacken. Knoblauch, Korianderwurzel und Pfefferkörner in einem Mörser zu einer Paste zerstampfen und in eine Schüssel geben. Weinbrand, Fischsauce, Zucker, etwas Salz, Austernsauce und Öl hinzufügen und alles gut vermischen.

2 Das Rindfleisch trocken tupfen und in drei dicke Scheiben schneiden. In die Schüssel zur Marinade geben und gut untermischen. Das Fleisch 1 Std. mit Frischhaltefolie zugedeckt im Kühlschrank marinieren.

3 Für den pikanten Dip die Reiskörner in einer Pfanne ohne Fett goldgelb anrösten, dann in einem Mörser fein zerstoßen und in eine kleine Schüssel geben. Die Schalotte schälen und fein hacken. Das Koriandergrün waschen, trocken schütteln und mit den zarten Stielen grob hacken. Koriander und Schalotte in die Schüssel geben. Fischsauce, Chilipulver, Tamarindensaft und Palmzuckersirup hinzufügen und alles gut vermischen.

4 Das Fleisch aus der Marinade nehmen, trocken tupfen. Auf einem heißen Grillrost oder in einer Grillpfanne 8–12 Min. unter Wenden grillen, dann mit einem scharfen Messer in 3 mm breite Streifen schneiden.

5 Inzwischen die Minze waschen, trocken schütteln und die Blätter abzupfen. Das gegrillte Fleisch auf einem großen Teller anrichten, mit Minzeblättern garnieren und mit dem Dip servieren. Dazu passen auch Klebreis und frische Beilagen wie etwa Koriandergrün, Gurkenscheiben sowie klein geschnittener China- oder Spitzkohl.

GEBRATENE REISBANDNUDELN MIT RINDERSTEAK

ผัดซีอิ้วเนื้อ

Wir Thailänder lieben dieses Nudelgericht. Es schmeckt einfach gut, ist schnell zubereitet und liegt nicht schwer im Magen. Und es lässt sich auch mit Tofu statt Fleisch zubereiten.

Für 4 Portionen
40 Min. Zubereitung
Pro Portion ca. 760 kcal

400 g Reisbandnudeln
300 g Rindersteak (Hüftsteak)
4 Eier
300 g Thai-Brokkoli-Blätter (Asienladen; ersatzweise Brokkoliröschen)
2 Knoblauchzehen
5 EL Öl
Pfeffer
2 EL dunkle Sojasauce
5 EL Fischsauce
5 EL Austernsauce
1 TL Zucker

1 Die Reisbandnudeln in kaltem Wasser 20 Min. einweichen, dann in kochendem Wasser in 3 Min. bissfest garen. Sie sollten nicht zu weich werden. Die Nudeln in ein Sieb abgießen, abtropfen lassen und beiseitestellen.

2 Während die Nudeln einweichen, das Fleisch trocken tupfen und in sehr dünne Scheiben schneiden. Die Eier in einer Schüssel verquirlen und beiseitestellen.

3 Die Thai-Brokkoli-Blätter waschen und in 5 cm lange Streifen schneiden. (Falls Brokkoliröschen verwendet werden, diese waschen, nach Belieben halbieren und vorab 2–3 Min. in sprudelnd kochendem Wasser blanchieren). Die Knoblauchzehen schälen und fein hacken.

4 2 EL Öl in einem Wok erhitzen, Knoblauch darin unter Rühren goldgelb anbraten. Die verquirlten Eier hinzufügen, im Wok schwenken und 1–2 Min. stocken lassen, dann verrühren. Das Rindfleisch dazugeben und 2 Min. unter Rühren mitbraten. 1 kräftige Prise Pfeffer, Soja-, Fisch- und Austernsauce sowie Zucker hinzufügen und alles 1 weitere Min. pfannenrühren. Die Nudeln dazugeben und 5 Min. unter Rühren mitkochen lassen.

5 Zum Schluss das restliche Öl und die Brokkoli-Blätter dazugeben. Alles nochmals 2 Min. pfannenrühren, dann auf vier Teller verteilen und servieren.

KNUSPRIGE DORADE MIT CHILI-TAMARINDEN-SAUCE

ปลาราดพริก

Für 4 Portionen
50 Min. Zubereitung
Pro Portion ca. 550 kcal

5 Knoblauchzehen
2 Schalotten
½ Bund Koriandergrün mit Wurzeln
1 große rote Spitzpaprika
2 Chilischoten
1 kleines Bund Thai-Basilikum
1 große Dorade (ca. 700 g; vom Fischhändler küchenfertig vorbereiten lassen)
Salz
500 ml Öl zum Braten
2 EL Fischsauce
1 EL Austernsauce
150 ml Tamarindensaft (s. Tipp oder Asienladen)
100 g Palmzucker

....

Tipp: Für selbst gemachten Tamarindensaft 200 g Tamarindenpaste in einer Schüssel mit 400 ml warmem Wasser ca. 30 Min. einweichen, anschließend mit den Händen ausquetschen, um den Saft zu gewinnen. Die verbleibende Paste entsorgen, den gewonnenen Tamarindensaft durch ein feines Sieb gießen. Zum Aufbewahren in ein Schraubglas füllen und kühl stellen. Für eine fixe Variante etwas Tamarindenpaste aus dem Glas mit Wasser verdünnen, bis ein dünnflüssiger Saft entsteht.

1 Die Knoblauchzehen schälen und fein hacken, Schalotten schälen und fein hacken. Das Koriandergrün mit den Wurzeln gründlich waschen und trocken schütteln. Die Blättchen abzupfen und beiseitelegen. 3 Wurzeln trocken tupfen und fein hacken. Die restlichen Wurzeln für ein anderes Gericht verwenden.

2 Die Spitzpaprika waschen und längs halbieren, Stiel, Trennwände und Kerne entfernen. Die Hälften grob hacken. Die Chilischoten waschen, putzen und klein hacken. Das Basilikum waschen und trocken schütteln. Die Blätter abzupfen und beiseitelegen.

3 Den Fisch waschen, trocken tupfen und an den Seiten mehrmals schräg bis auf die Gräten einschneiden, dann beidseitig mit etwas Salz einreiben.

4 Das Öl zum Braten in einem Wok oder einer großen Pfanne stark erhitzen. Es muss so viel Öl sein, dass der Fisch mindestens mit einer Seite vollständig im Öl liegt. Den Fisch in das heiße Öl geben und bei mittlerer Hitze ca. 10 Min. braten. Wenn die erste Seite gar und knusprig ist, den Fisch wenden und auf der anderen Seite nochmals mindestens 5 Min. braten. Anschließend den Fisch aus dem Öl heben und auf einen Teller legen.

5 Das Öl bis auf ca. 2 EL aus dem Wok oder der Pfanne gießen. Knoblauch, Schalotten, Korianderwurzeln, Spitzpaprika und Chilis bei mittlerer Hitze unter Rühren hineingeben, dann Fisch- und Austernsauce, Tamarindensaft und Palmzucker hinzugeben, dabei ständig rühren und auf ausreichende Belüftung achten, da die Dämpfe beim Braten Augen und Nase reizen können. Alles gut mischen und aufkochen lassen. Wenn die Sauce zu dick wird, bis zu 100 ml Wasser hinzufügen. Zum Schluss sollte die Sauce die Konsistenz wie flüssiger Honig haben und süß, würzig und sauer schmecken.

6 Das Basilikum dazugeben und die Sauce über den Fisch gießen. Das Gericht mit den Korianderblättern garnieren und mit Duftreis servieren.

TINTENFISCH IN PFEFFER-KNOBLAUCH-SAUCE

ปลาหมึกพริกไทยดำ

Für 4 Portionen
30 Min. Zubereitung
Pro Portion ca. 295 kcal

600 g weiße Tintenfischtuben (Calamari; ohne Haut und Tentakeln; küchenfertig)
3 Stängel Koriandergrün mit Wurzel
30 g frische grüne Pfefferkörner (an der Rispe)
5 Knoblauchzehen
1 ½ EL schwarze Pfefferkörner (s. Tipp)
4 EL Öl
300 ml Hühnerbrühe
1 EL helle Sojasauce
1 TL dunkle Sojasauce
2 EL Austernsauce
1 EL Sesamöl
½ TL Zucker

....

Tipp: Nicht nur Chili, sondern auch Pfeffer verwenden wir Thailänder sehr großzügig. Ich bereite die Gewürzpaste deshalb auch gern mit gut der doppelten Menge an schwarzen Pfefferkörnern zu.

1 Bei den Tintenfischtuben eventuelle Häute oder feste Teile entfernen. Die Tuben waschen und trocken tupfen, dann längs halbieren und mit einem scharfen Messer kreuzweise einritzen, anschließend in 4 cm lange Stücke schneiden. Inzwischen reichlich Wasser zum Kochen bringen. Die Tintenfischstücke darin 2–3 Min. blanchieren, dann in ein Sieb abgießen, mit eiskaltem Wasser abschrecken und abtropfen lassen.

2 Das Koriandergrün mit den Wurzeln gründlich waschen und trocken schütteln. Die Wurzeln abschneiden und fein hacken, das Grün mit den zarten Stielen grob hacken. Die Rispe mit den Pfefferkörnern waschen und in Stücke schneiden. Knoblauch schälen und grob hacken.

3 Die Korianderwurzeln mit dem gehackten Knoblauch und den schwarzen Pfefferkörner in einem Mörser zerstampfen und zu einer Paste verarbeiten.

4 Das Öl in einem Wok oder einer Pfanne stark erhitzen. Tintenfischstücke, Gewürzpaste und grünen Pfeffer dazugeben und unter Rühren 2 Min. anbraten. Die Brühe dazugießen, dann beide Sojasaucen, die Austernsauce, Sesamöl und Zucker hinzufügen und unterrühren. Das Gericht abschmecken, auf vier Teller verteilen und mit Koriandergrün bestreut servieren.

GEBRATENE NUDELN: GENUSS OHNE GRENZEN

»Pad Thai« ist der Klassiker der thailändischen Straßenküche. Das Fruchtmark der Tamarinde verleiht den gebratenen Reisnudeln die typische, leicht saure Note.

Ein bisschen süß, ein bisschen sauer und ein bisschen salzig – so sollen die gebratenen Nudeln traditionell schmecken. Hört sich nach dem perfekt ausgeglichenen Geschmack an, und wahrscheinlich ist »Pad Thai« deshalb eines der Lieblingsgerichte der Thailänder und ein weltweiter Exportschlager.
Wie in anderen Ländern gibt es auch in Thailand eine starke, regionale Küche mit unterschiedlichen Spezialitäten. »Pad Thai« kann man jedoch in jeder Region bekommen, im Straßenrestaurant ebenso wie im feinen Bangkoker Nobelhotel – so beliebt ist dieses Gericht. Das liegt an den feinen Reisnudeln mit ihrer besonderen Konsistenz. Mit gebratenem Ei und der speziellen Würzsauce wird daraus ein herrlich saftiges Gericht, das man immer und immer wieder essen mag. Dafür sorgt das harmonische Zusammenspiel der Aromen: Tamarinde verleiht der Sauce eine saure Note, Zucker eine süße. Und Fisch- und Austernsauce liefern die salzige Komponente.
Die anderen Zutaten, z. B. frische Bohnensprossen und eingelegter Rettich, tragen ebenfalls dazu bei, dass »Pad Thai« so unwiderstehlich ist. Besonders gern werden die gebratenen Nudeln mit Garnelen serviert. Und für alle, die Meeresfrüchte nicht so gern mögen, gibt es zum Nudelglück auch Varianten mit Tofu oder Hähnchen.

GEBRATENE BANDNUDELN MIT GARNELEN

ผัดไทยกุ้ง

Für 4 Portionen
1 Std. Zubereitung
20 Min. Einweichen
Pro Portion ca. 850 kcal

FÜR DIE NUDELN UND DIE GARNELEN

250 g Reisbandnudeln
50 g eingelegter Rettich
100 g geröstete, gesalzene Erdnusskerne
5 g getrocknete Chilischoten (nach Belieben, s. Tipp)
50 g Thai-Schnittlauch (ersatzweise ½ Bund Schnittlauch)
5 Knoblauchzehen
1 kleine rote Zwiebel
4 Eier
150 g Tofu
200 g geschälte, rohe Garnelen (küchenfertig; frisch oder aufgetaute TK-Ware)
150 g Mungbohnensprossen
4 EL Öl
Limettenschnitze zum Garnieren

FÜR DIE SAUCE

150 g Palmzucker
4 EL Fischsauce
Salz
4 EL Tamarindensaft (selbst gemacht oder Asienladen)

....

Tipp: Traditionell wird das Gericht ohne Chili zubereitet. Ich liebe es jedoch, wenn die gebratenen Nudeln eine leichte Schärfe haben.

1 Die Reisbandnudeln in kaltem Wasser 20 Min. einweichen. Inzwischen für die Sauce Palmzucker, Fischsauce, etwas Salz und Tamarindensaft mit ca. 400 ml Wasser in einen Topf geben und aufkochen. Alles bei mittlerer Hitze 10 Min. köcheln lassen, dann beiseitestellen.

2 Für die Nudeln den eingelegten Rettich hacken. Die Erdnusskerne grob hacken. Die Chilis, falls verwendet, putzen und im Mörser zu Pulver zerstampfen. Den Schnittlauch waschen, trocken schütteln und in 3 cm lange Stücke schneiden. Die Knoblauchzehen und die Zwiebel schälen und fein hacken.

3 Die Eier in einer Schüssel verquirlen. Den Tofu abtropfen lassen und in kleine Würfel schneiden. Die Garnelen in einem Sieb waschen und abtropfen lassen. Die Sprossen in einem Sieb abbrausen und abtropfen lassen.

4 Das Öl in einem Wok oder einer Pfanne erhitzen. Zwiebel und Knoblauch darin bei schwacher Hitze anschwitzen. Rettich und Tofu dazugeben und unter Rühren bei etwas stärkerer Hitze anbraten, nach 1 Min. die rohen Garnelen dazugeben, nach weiteren 2 Min. die Eier unter Rühren hinzugeben und rührbraten, bis sie gestockt sind.

5 Die eingeweichten Reisnudeln in ein Sieb abgießen, nach Belieben mit einer Schere kleiner schneiden und zu der Tofu-Eier-Mischung geben. Alles mit etwas Wasser ablöschen, damit nichts anbrennt. Dann die Sauce dazugeben, aufkochen und die Nudeln darin al dente garen, bei Bedarf noch mehr Wasser dazugeben.

6 Zum Schluss die Sprossen und den Schnittlauch unterrühren. Das Gericht nach Belieben noch mit den Chilis schärfen. »Pad Thai« mit den Erdnüssen bestreuen, mit Limettenschnitzen garnieren und servieren.

ANANASREIS MIT HÄHNCHEN

ข้าวผัดสับปะรด

Für 4 Portionen
30 Min. Zubereitung
Pro Portion ca. 600 kcal

200 g geschälte, rohe Riesengarnelen (küchenfertig; frisch oder aufgetaute TK-Ware)
200 g Ananasfruchtfleisch
1 Bund Frühlingszwiebeln
1 Bund Koriandergrün
4 Knoblauchzehen
200 g Hähnchenbrustfilet
5 EL Öl
4 Eier
50 g Rosinen
600 g gekochter Jasminreis (s. Tipp)
2 EL Currypulver
4 EL Austernsauce
4 EL Fischsauce
1 EL Zucker

1 Die Garnelen in einem Sieb waschen und abtropfen lassen, anschließend längst halbieren.

2 Das Ananasfruchtfleisch klein würfeln. Die Frühlingszwiebeln putzen, waschen und in 1 cm lange Stücke schneiden. Das Koriandergrün waschen, trocken schütteln und mit den zarten Stielen grob hacken. Knoblauch schälen und fein hacken. Das Hähnchenfleisch trocken tupfen und in 2 mm dünne Scheiben schneiden.

3 Das Öl in einem Wok oder einer Pfanne erhitzen und den Knoblauch darin bei mittlerer Hitze in 1 Min. goldgelb anbraten. Die Hähnchenscheiben und die Garnelen dazugeben und bei starker Hitze unter Rühren 3 Min. braten.

4 Die Eier verquirlen, in den Wok geben und untermischen. Alles 2 Min. rührbraten. Ananaswürfel und Rosinen dazugeben und 1 Min. mitbraten.

5 Den gekochten Reis einrühren und 2–3 Min. anbraten. Currypulver darüberstreuen. Austern- und Fischsauce dazugeben, den Zucker hinzufügen und alles 3–4 Min. rührbraten. Dann die Frühlingszwiebeln und die Hälfte des Koriandergrüns unterrühren. Auf vier Tellern anrichten, mit übrigem Koriander bestreuen und servieren.

Tipp: 200 g Reiskörner ergeben, nach Packungsangabe mit Wasser zubereitet, ca. 600 g gekochten Reis.

BUNTER GEMÜSEWOK

ผัดผักรวมมิตร

Für 4 Portionen
25 Min. Zubereitung
Pro Portion ca. 150 kcal

4 Frühlingszwiebeln
100 g Zuckerschoten
100 g Champignons
150 g Chinakohl
150 g Brokkoli
2 rote Chilischoten
4 Knoblauchzehen
2 Stängel Koriandergrün
4 EL Öl
1 Prise Zucker
1 TL dunkle Sojasauce
1 EL helle Sojasauce
2 EL Austernsauce (ersatzweise mehr Sojasauce)
300 ml Gemüsebrühe
1 TL Speisestärke
Pfeffer

1 Die Frühlingszwiebeln putzen, waschen und in mundgerechte Stücke schneiden. Die Zuckerschoten waschen und die Enden abschneiden. Die Champignons mit einem feuchten Tuch abreiben und vierteln. Den Chinakohl ohne den Strunk in Streifen schneiden, die Streifen waschen und trocken schleudern.

2 Den Brokkoli waschen, die Röschen abschneiden und nach Belieben halbieren. Die Chilischoten waschen, putzen und längs halbieren. Die Kerne und Trennwände entfernen. Die Hälften quer in feine Streifen schneiden. Die Knoblauchzehen schälen und fein hacken. Das Koriandergrün waschen, trocken schütteln und mit den zarten Stielen grob hacken.

3 Das Öl in einem Wok oder einer Pfanne erhitzen, den Knoblauch darin goldgelb anbraten, dann nach und nach Champignons, Zuckerschoten, Brokkoli, Frühlingszwiebeln und Chinakohlstreifen dazugeben und 5 Min. bei starker Hitze unter Rühren braten. Alles mit dem Zucker bestreuen.

4 Dann die Sojasaucen mit Austernsauce, Brühe und Speisestärke verrühren und zum Gemüse gießen. Alles aufkochen und 5 Min. garen. Den Gemüsewok mit dem Koriandergrün bestreuen, mit Pfeffer abschmecken und mit Reis servieren.

GESCHMORTE EIER MIT FÜNF GEWÜRZEN

ไข่พะโล้

Ein Klassiker der Thai-Küche: Korianderwurzeln und Knoblauch, weißer Pfeffer, Zimt und Sternanis geben Eiern und Tofu einen raffinierten und gewürzduftenden Kick.

Für 4 Portionen
45 Min. Zubereitung
Pro Portion ca. 485 kcal

10 Eier
3 Stängel Koriandergrün mit Wurzeln
3 große Knoblauchzehen
1 TL weiße Pfefferkörner
6 EL Öl
250 g Tofu
3 Zimtstangen
5 Sternanis
800 ml Gemüsebrühe
1 EL dunkle Sojasauce
3 EL helle Sojasauce
50 g Palmzucker
Salz

....

Tipp: Das Gericht schmeckt auch ausgezeichnet mit Entenbrust oder Schweinebauch. Und am besten aufgewärmt!

1 Die Eier in einem Topf mit Wasser in 12 Min. hart kochen, mit eiskaltem Wasser abschrecken und schälen.

2 Schon während die Eier kochen das Koriandergrün mit den Wurzeln gründlich waschen und trocken schütteln. Die Wurzeln abschneiden und grob hacken. Das Grün mit den zarten Stielen grob hacken und beiseitestellen. Die Knoblauchzehen schälen, grob hacken und mit den Korianderwurzeln und den Pfefferkörnen in einem Mörser zerstampfen und zu einer Paste verarbeiten.

3 4 EL Öl in einer großen Pfanne erhitzen. Den Tofu abtropfen lassen und in 3 dicke Scheiben schneiden. Die Scheiben im heißen Öl unter Wenden 5 Min. anbraten, dann auf Küchenpapier abtropfen lassen. Die gebratenen Tofuscheiben jeweils quer in 5 Stücke schneiden.

4 Die restlichen 2 EL Öl in einem Topf erhitzen, die Knoblauch-Korianderwurzel-Pfeffer-Mischung mit Zimtstangen und Sternanis hinzufügen und bei mittlerer Hitze unter Rühren anbraten, bis alles zu duften anfängt.

5 Die Gemüsebrühe dazugießen, aufkochen und alles offen 5 Min. köcheln lassen. Die geschälten Eier und die Tofustücke, die Sojasaucen und den Palmzucker dazugeben. Die Flüssigkeit mit Salz abschmecken und alles 20 Min. zugedeckt köcheln lassen.

6 Zum Servieren Zimt und Sternanis entfernen, das Gericht auf vier Schalen verteilen, mit gehacktem Koriandergrün bestreuen und mit Jasminreis servieren.

GEFÜLLTES OMELETT

ไข่ยัดไส้

Für 4 Portionen (2 Omeletts)
20 Min. Zubereitung
Pro Portion ca. 310 kcal

30 g TK-Erbsen
100 g geschälte, rohe Garnelen (küchenfertig; frisch oder aufgetaute TK-Ware)
5 Kirschtomaten
½ kleine rote Spitzpaprika
1 kleine Schalotte
1 Stängel Koriander
1 rote Chilischote
6 EL Öl
1 TL Zucker
1 EL Fischsauce
1 EL Austernsauce
Pfeffer
6 Eier

1 Die Erbsen antauen lassen. Die Garnelen in einem Sieb waschen und abtropfen lassen, anschließend fein hacken. Die Kirschtomaten waschen und achteln. Die Spitzpaprikahälfte waschen, putzen und fein würfeln. Die Schalotte schälen und fein würfeln.

2 Das Koriandergrün waschen, trocken schütteln und mit den zarten Stielen grob hacken. Die Chili waschen und längs halbieren. Stiel, Trennwände und Kerne entfernen. Die Hälften quer in feine Streifen schneiden.

3 3 EL Öl in einer Pfanne oder in einem Wok stark erhitzen. Die gehackten Garnelen darin 2 Min. unter Rühren braten. Die Schalottenwürfel dazugeben und kurz mitbraten. Dann die angetauten Erbsen, die Tomaten und die Paprikastreifen mit Zucker, Fisch- und Austernsauce sowie 1 Prise Pfeffer hinzufügen und unter Rühren 2–4 Min. braten, bis eine dicke Masse entstanden ist, danach die Pfanne oder den Wok vom Herd ziehen.

4 Die Eier in einer Schüssel verquirlen. Für das erste Omelette 1 ½ EL Öl in eine flache beschichtete Pfanne geben, die Hälfte der Eiermasse hineingeben und schwenken, sodass der Boden bedeckt ist. Die Eischicht bei schwacher Hitze kurz stocken lassen und leicht bräunen, dann wenden. Die Hälfte der Füllung in die Mitte des Omeletts setzen, zwei gegenüberliegende Seiten zur Mitte umklappen, dann auch die beiden anderen Seiten umklappen, sodass ein Quadrat entsteht. Das gefüllte Omelett auf einen Servierteller gleiten lassen.

5 Dann aus der restlichen Eimasse und der übrigen Füllung in 1 ½ EL Öl das zweite Omelett zubereiten und dieses ebenfalls auf den Servierteller geben. Die gefüllten Omeletts mit dem gehackten Koriandergrün und den Chilistreifen garnieren und mit Reis servieren.

SCHWIEGERSOHN-EIER: GERICHT MIT GESCHICHTE

Es gibt viele Geschichten über die Entstehung dieses Gerichts. Es wird gerne zu Neujahr und auf Hochzeitsfeiern serviert oder Mönchen als kleine Gabe mitgebracht.

Wieso die gekochten und dann frittierten Eier Schwiegersohn-Eier heißen, ist nicht ganz klar, viele Geschichten ranken sich darum. Eine lautet so: Der Schwiegersohn besuchte mit seiner Frau die Schwiegermutter. Die kochte eine süße Fischsauce, dazu gab es Fisch und bitteren Spinat. Der Schwiegersohn mochte aber keinen Fisch und suchte in der Küche nach einem Ersatz. Er fand ein paar gekochte Eier, die aber mit der würzig-süßen Sauce nicht harmonierten. Der Schwiegersohn kam auf die Idee, die Eier zu frittieren. So bekamen sie einen kräftigeren Geschmack, der perfekt zum intensiven Aroma der Sauce passte. Und die »Khai Luk Koei« waren so lecker, dass er sie immer und immer wieder essen wollte.
Es ist nicht ganz sicher, ob diese Geschichte die wahre ist, klar ist aber, dass die goldgelben Eier ein kulinarischer Klassiker sind und überall in Thailand bekannt und beliebt. Meistens werden sie mit einer süßsauren, aromatischen Sauce, fast immer mit frittierten Schalotten serviert. Die Schwiegersohn-Eier werden besonders gerne zu Neujahr gegessen und traditionell auf Hochzeitsfeiern auf dem Buffet angeboten. Beim Besuch eines Tempels werden die Eier mit der knusprigen Kruste auch gern den Mönchen als kleine Gabe mitgebracht.

SCHWIEGERSOHN-EIER

ไข่ลูกเขย

Für 4 Portionen
40 Min. Zubereitung
Pro Portion ca. 625 kcal

8 Eier
3 Knoblauchzehen
10 Schalotten
2 EL Öl
150 g Palmzucker
5 EL Fischsauce
1 EL Austernsauce
2 EL Tamarindensaft (selbst gemacht oder Asienladen)
500 ml Öl zum Frittieren
2 Stängel Koriander

1 Die Eier in einem Topf mit Wasser in 12 Min. hart kochen, mit eiskaltem Wasser abschrecken und schälen.

2 Inzwischen die Knoblauchzehen und die Schalotten schälen. Die Knoblauchzehen in dünne Scheiben, die Schalotten in dünne Ringe schneiden.

3 Für die Sauce das Öl in einer Pfanne oder einem Wok erhitzen. Die Schalottenringe und Knoblauchscheiben darin bei starker bis mittlerer Hitze goldgelb anbraten. Dann die Hitze reduzieren. 100 ml Wasser, Palmzucker, Fisch- und Austernsauce sowie Tamarindensaft dazugeben. Alles aufkochen und 10 Min. bei schwacher Hitze köcheln lassen, bis sich der Zucker aufgelöst hat und die Sauce leicht andickt, dabei gelegentlich umrühren.

4 Das Öl zum Frittieren in einem Wok oder einer Pfanne auf 180° stark erhitzen. Die geschälten Eier portionsweise mit einem Schaumlöffel vorsichtig ins heiße Öl tauchen und darin wenden. Im heißen Öl in 3–4 Min. goldgelb und knusprig frittieren, dann herausnehmen und auf Küchenpapier abtropfen lassen. Das Koriandergrün waschen und trocken schütteln. Die Blätter abzupfen.

5 Zum Servieren die frittierten Eier halbieren und auf einer Platte anrichten. Die vorbereitete Sauce darübergießen und die Eier mit den Korianderblättern garnieren.

WASSERSPINAT IN DER FEUERPFANNE

ผัดผักบุ้งไฟแดง

Für 4 Portionen
20 Min. Zubereitung
Pro Portion ca. 105 kcal

400 g Wasserspinat (Asienladen)
3 Knoblauchzehen
2 kleine rote Chilischoten
3 EL Öl
1 EL Sojabohnen (aus der Dose; Edamame; nach Belieben)
100 ml Hühnerbrühe
1 EL Fischsauce
2 EL Austernsauce

1 Den Wasserspinat sehr gründlich waschen, abtropfen lassen und in 5 cm lange Stücke schneiden. Die Knoblauchzehen schälen und fein hacken. Die Chilischoten waschen und längs halbieren. Die Stiele und – je nach gewünschtem Schärfegrad – auch die Trennwände und Kerne entfernen. Die Chilihälften mit einem Messer etwas flacher klopfen.

2 Das Öl im Wok oder in einer Pfanne erhitzen. Den Spinat, den gehackten Knoblauch, die Chilischoten und nach Belieben die Sojabohnen dazugeben. Dann auch sofort die Hühnerbrühe sowie die Fischsauce und die Austernsauce hinzufügen. Alles aufkochen und bei schwacher Hitze unter Rühren 5 Min. garen.

3 Den Wasserspinat abschmecken, mit den Chilihälften und den Bohnen auf vier Teller verteilen und mit Reis und einem Curry oder als Beilage zu Fisch oder Fleisch servieren.

Info: Wasserspinat ist ein beliebtes Gemüse in Südostasien. Er hat einen milden Geschmack und lässt sich wie normaler Spinat gut zubereiten.

TOFU MIT INGWER

เต้าหู้ผัดขิง

Für 4 Portionen
55 Min. Zubereitung
Pro Portion ca. 365 kcal

100 g Champignons
1 kleine Zwiebel
1 Stück Ingwer (ca. 4 cm lang)
1 große rote Spitzpaprika
50 g Thai-Sellerie (ersatzweise
2 Stangen Staudensellerie)
4 Frühlingszwiebeln
5 Knoblauchzehen
450 g Tofu
8 EL Öl
1 TL Speisestärke
5 EL Gemüsebrühe
3 EL Fischsauce
2 EL Austernsauce
1 TL dunkle Sojasauce
1 TL Zucker
Pfeffer

1 Die Pilze mit einem Tuch abreiben und vierteln. Zwiebel schälen und würfeln. Ingwer schälen und hacken. Spitzpaprika waschen und längs halbieren. Stiel, Trennwände und Kerne entfernen. Die Hälften in Stücke schneiden. Thai-Sellerie waschen und in 3 cm lange Stücke schneiden (Staudensellerie vorher längs in Streifen schneiden). Die Frühlingszwiebeln putzen, waschen und Stücke schneiden. Die Knoblauchzehen schälen und grob hacken.

2 Den Tofu abtropfen lassen, in fünf dicke Scheiben schneiden und diese in 6 EL Öl unter Wenden 5 Min. braten, dann auf Küchenpapier abtropfen lassen. Die Tofuscheiben jeweils quer in fünf Stücke schneiden.

3 Die übrigen 2 EL Öl in der Pfanne erhitzen. Knoblauch und Ingwer hinzufügen und bei mittlerer Hitze unter Rühren 1 Min. braten. Die gebratenen Tofustücke gut untermischen und 3 Min. pfannenrühren, dann die Champignons, Zwiebelwürfel und Paprikastücke hinzufügen und 1 Min. unter Rühren mitbraten.

4 Speisestärke mit etwas kaltem Wasser verrühren und mit Gemüsebrühe, Fisch-, Austern- und Sojasauce, Zucker und 1 Prise Pfeffer dazugeben.

5 Gemüse und Tofu weitere 5 Min. pfannenrühren, zum Schluss Thai-Sellerie und Frühlingszwiebeln unterrühren. Das Gericht abschmecken, auf vier Teller verteilen und mit Reis servieren.

TOFU SÜSSSAUER

ผัดเปรี้ยวหวานเต้าหู้

Für 4 Portionen
50 Min. Zubereitung
Pro Portion ca. 640 kcal

1 Zwiebel
1 grüne Paprika
1 rote Paprika
100 g Kirschtomaten
100 g Ananasfruchtfleisch
50 g Thai-Sellerie (ersatzweise
2 Stangen Staudensellerie)
2 Frühlingszwiebeln
¼ Salatgurke
8 EL Öl
450 g Tofu

FÜR DIE SÜSSSAURE SAUCE

1 Stück Ingwer (ca. 1 cm lang)
2 Knoblauchzehen
50 g Tomatenpüree
6 EL Sojasauce
2 EL Austernsauce
100 g Zucker
Salz
100 ml Tamarindensaft (selbst
gemacht oder Asienladen)

1 Die Zwiebel schälen und würfeln. Grüne und rote Paprika waschen und längs halbieren. Stiele, Trennwände und Kerne entfernen. Die Paprikahälften in mundgerechte Stücke schneiden. Die Kirschtomaten waschen und halbieren. Das Ananasfruchtfleisch in Würfel schneiden.

2 Thai-Sellerie waschen und in 3 cm lange Stücke schneiden. (Falls Staudensellerie verwendet wird, die Stangen vorher längs in schmale Streifen schneiden.) Die Frühlingszwiebeln putzen, waschen und in 3 cm lange Stücke schneiden. Das Gurkenstück längs vierteln, die Viertel quer in 3 mm dünne Scheiben schneiden.

3 6 EL Öl in einer großen Pfanne erhitzen. Den Tofu in fünf dicke Scheiben schneiden und diese im heißen Öl unter Wenden 5 Min. anbraten, dann auf Küchenpapier abtropfen lassen. Die gebratenen Tofuscheiben jeweils quer in fünf Stücke schneiden.

4 Für die süßsaure Sauce Ingwer schälen und in dünne Streifen schneiden. Knoblauch schälen und hacken. Beides mit Tomatenpüree, Sojasauce, Austernsauce, Zucker, etwas Salz, Tamarindensaft und 100 ml Wasser in einen Mixer geben und pürieren. Alles in einen Topf geben, aufkochen und 30 Min. bei schwacher bis mittlerer Hitze köcheln lassen. Dann die Sauce abschmecken.

5 Die restlichen 2 EL Öl in der Pfanne erhitzen. Zwiebel, Paprika, Tomaten und Ananasstücke hinzufügen und 5 Min. unter Rühren braten, dann die gebratenen Tofustücke dazugeben. Die süßsaure Sauce hinzufügen und alles weitere 2 Min. unter ständigem Rühren garen.

6 Zum Schluss Thai-Sellerie, Gurkenscheibchen und Frühlingszwiebeln unterrühren. Das Gericht abschmecken, auf vier Teller verteilen und mit Reis servieren.

REISNUDELN MIT KOKOSSAUCE

หมี่กะทิ

Für 4 Portionen
1 Std. 15 Min. Zubereitung
Pro Portion ca. 705 kcal

200 g dünne Reisnudeln (Vermicelli)
20 g Thai-Schnittlauch (ersatzweise ¼ Bund Schnittlauch)
130 g Tofu
5 Schalotten
8 EL Öl
100 g Mungbohnensprossen
2 Eier
250 g Kokosmilch
100 g Palmzucker
8 EL Tamarindensauce (selbst gemacht oder Asienladen)
5 EL Fischsauce
100 g Tomatenpüree
½ TL Chilipulver
Salz

1 Die Reisnudeln in kaltem Wasser 20 Min. einweichen, dann gut abtropfen lassen. Inzwischen den Schnittlauch waschen, trocken schütteln und in 3 cm lange Stücke schneiden. Den Tofu abtropfen lassen und in Würfel schneiden. Schalotten schälen und in Ringe schneiden.

2 4 EL in einer Pfanne oder einem Wok erhitzen, die Schalotten darin in 5 Min. goldgelb braten, dann herausnehmen und die Tofuwürfel im heißen Öl in 5 Min. unter Rühren goldgelb braten. Tofuwürfel ebenfalls herausnehmen und auf Küchenpapier abtropfen lassen.

3 Die Bohnensprossen in einem Sieb abbrausen und abtropfen lassen. Die Eier in einer Schüssel verquirlen.

4 Die restlichen 4 EL Öl in einer Pfanne erhitzen. Die verquirlten Eier hineingeben und in der Pfanne schwenken, sodass der Pfannenboden bedeckt ist. Die Eischicht bei schwacher Hitze kurz stocken lassen und leicht bräunen, dann wenden. Das Omelett aus der Pfanne nehmen und abkühlen lassen, dann zu drei Lagen zusammenfalten, in dünne Streifen schneiden und beiseitelegen.

5 Die Kokosmilch mit Palmzucker, Tamarindensauce, Fischsauce, Tomatenpüree, Chilipulver und etwas Salz in einen Topf geben. Die gebratenen Schalotten dazugeben und alles bei schwacher Hitze 15–20 Min. unter gelegentlichem Rühren köcheln lassen, bis sich der Zucker aufgelöst hat und die Kokossauce aromatisch duftet.

6 Die Kokossauce in die Pfanne geben und erneut zum Kochen bringen, dann die abgetropften Nudeln 3 Min. in der Sauce unter ständigem Rühren garen und mit Sauce überziehen. Die Tofuwürfel dazugeben und alles weitergaren, bis die Sauce fast vollständig eingeköchelt ist. Dann die Hälfte des Schnittlauchs und der Sprossen unterrühren. Die Nudeln auf vier große Teller verteilen, die Omelettstreifen darauflegen. Mit restlichem Schnittlauch und übrigen Sprossen garnieren und servieren.

SÜSSES

Der beliebteste Nachtisch der Thai ist frisches Obst. Kein Wunder! Denn Thailand ist ein wahres Früchte-Paradies. Auch ich bereite Süßspeisen und Desserts gern mit frischen Früchten zu, am liebsten mit Mango, Papaya und Bananen. Und das wunderbare Kokosaroma darf natürlich in meiner süßen Küche auch nicht fehlen.

KLEBREIS MIT MANGO UND KOKOSMILCH

ข้าวเหนียวมมะม่วง

Für 4 Portionen
1 Std. Zubereitung
2 Std. Einweichen
1 Std. Ruhen
Pro Portion ca. 1010 kcal

450 g Klebreis
4 EL Kokosraspel
600 g Kokosmilch
Salz
150 g Zucker
2 EL Sonnenblumenöl
½ TL Maisstärke
2 reife Mangos

1 Den Klebreis in warmem Wasser 2 Std. einweichen und quellen lassen, dann in ein Sieb abgießen und dreimal gründlich mit lauwarmem Wasser abbrausen. Den Reis sorgfältig abtropfen lassen.

2 Ein Sieb mit einem dünnen Tuch auslegen, den Reis hineingeben und in dem Sieb über einen Topf mit kochendem Wasser setzen. (Der Reis muss im Wasserdampf gegart werden und darf nicht in Kontakt mit Wasser kommen!) Den Reis zugedeckt in 30 Min. knapp weich dämpfen, dann in eine Schüssel geben.

3 Inzwischen die Kokosraspel in einer Pfanne ohne Öl anrösten, bis sie sich goldgelb färben. Die Kokosmilch in einen Topf geben, 1 Prise Salz und den Zucker dazugeben. Die Kokosmilch aufkochen und kurz bei mittlerer Hitze unter Rühren köcheln lassen, bis sich Zucker und Salz in der Kokosmilch aufgelöst haben.

4 Knapp 450 ml Kokosmilch über den gedämpften Reis in der Schüssel gießen, das Öl dazugeben und alles sorgfältig mit einem Holzlöffel vermischen. Den Kokosreis mit Frischhaltefolie bedecken und 1 Std. ruhen lassen.

5 Restliche Kokosmilch mit der Maisstärke verrühren, aufkochen und dabei mit dem Schneebesen aufschlagen und andicken. Die Kokosmilch unter ständigem Rühren bei mittlerer Hitze 2 Min. köcheln, dann abkühlen lassen.

6 Die Mangos schälen, das Fruchtfleisch mit einem scharfen Messer vom Stein schneiden und in dünne Scheiben schneiden. Den Kokos-Klebreis auf kleinen Serviertellern anrichten, jeweils mit etwas Kokossauce übergießen und mit den Mangoscheiben garnieren.

OBSTSALAT MIT MANGO-KOKOS-DRESSING

ผลไม้รวมราดครีมมะม่วง

4 Portionen
20 Min. Zubereitung
30 Min. Kühlen
Pro Portion ca. 585 kcal

FÜR DEN OBSTSALAT

½ Honigmelone
1 reife Mango
½ reife Papaya
4 Kiwi
100 g Litschi (aus der Dose)
100 g Kokosnussfleisch von jungen Kokosnüssen (aus der Dose)
100 g Jackfruit (aus der Dose; nach Belieben)

FÜR DAS MANGO-KOKOS-DRESSING

200 g Joghurt
100 g Kokosmilch
4 EL Palmzucker (ersatzweise brauner Zucker)
6 EL Mangopüree (aus der Dose)

AUSSERDEM

4 Kugeln Vanilleeis

1 Die Honigmelone entkernen und schälen. Das Fruchtfleisch in knapp 2 cm große Würfel schneiden. Die Mango schälen, mit einem scharfem Messer das Fruchtfleisch vom Stein schneiden und in 2 cm dicke Scheiben schneiden. Die Scheiben würfeln.

2 Die Papaya mit einem Sparschäler schälen. Die Kerne mit einem Teelöffel entfernen und auch das Weiße gut herauskratzen. Das Fruchtfleisch ebenfalls in 2 cm große Würfel schneiden. Die Kiwis schälen und würfeln.

3 Die Litschis, das Kokosnussfleisch und, falls verwendet, auch die Jackfruit jeweils in ein Sieb abgießen und abtropfen lassen. Die Früchte würfeln. Das Kokosnussfleisch in Streifen schneiden.

4 Alle vorbereiteten Obstsalat-Zutaten in einer Schüssel mischen, mit Frischhaltefolie bedecken und 30 Min. im Kühlschrank ziehen lassen.

5 Für das Dressing Joghurt mit Kokosmilch, Palmzucker und Mangopüree in eine Schüssel geben und gut vermischen, mit Frischhaltefolie bedecken und das Dressing ebenfalls 30 Min. kühl stellen.

6 Nach der Kühlzeit den Obstsalat mit je 1 Eiskugel auf kleinen Serviertellern dekorativ anrichten und mit dem Mango-Kokos-Dressing servieren.

อุทิศส่วนกุศลแด่
บรรพบุรุษผู้ล่วงลับไปแล้ว

SÜSSE KOKOSBÄLLCHEN

ขนมโก๋

Pandanusblätter werden sehr gern in der süßen Thai-Küche verwendet. Hier geben sie den kleinen Kokosbällchen ihr leicht nussiges Aroma, das auch ein wenig an Vanille erinnert.

Für 24 Stück
30 Min. Zubereitung
Pro Stück ca. 70 kcal

2 Pandanusblätter
150 g Palmzucker
100 g Kokosraspel
Salz
150 g Klebreismehl

1 1 Pandanusblatt waschen, fein schneiden und in einem Mixer mit 50 ml Wasser pürieren. Die aromatisierte Flüssigkeit durch ein feines Sieb in ein Gefäß gießen und für den Teig beiseitestellen. Den Siebinhalt wegwerfen.

2 Den Palmzucker in ½ cm große Würfel schneiden und für die Füllung beiseitestellen. Die Kokosraspel auf einem Teller verteilen und mit 1 kräftigen Prise Salz vermischen.

3 Das Klebreismehl in einer Schüssel mit der Pandanus-Flüssigkeit mischen und 5 Min. zu einem klebrigen Teig verkneten, anschließend aus dem Teig 24 kleine Kugeln (2 cm Ø) formen. Jede Kugel etwas zusammendrücken, sodass sie eine flache Form bekommt, und einen Palmzuckerwürfel in die Mitte setzen. Den Teig über der Füllung verschließen und wieder zu einer Kugel formen.

4 Reichlich Wasser in einen Topf füllen. Das zweite Pandanusblatt waschen und zum Aromatisieren des Wassers dazugeben. Das Wasser aufkochen, dann die Teigbällchen portionsweise in das kochende Wasser gleiten lassen und darin garen. Nicht zu viele Bällchen in den Topf geben, sonst kleben sie zusammen.

5 Sobald die Bällchen an die Oberfläche steigen, sind sie fertig. Die Bällchen mit einem Schaumlöffel herausheben, kurz abtropfen lassen und sofort in den Kokosraspeln wälzen, bis sie rundherum damit bedeckt sind. Die Kokosbällchen zum Dessert servieren oder einfach als süßen Snack zwischendurch naschen.

KOKOS-TARO-DESSERT

ตะโก้เผือก

Für 4 Portionen
40 Min. Zubereitung
30 Min. Abkühlen
Pro Portion ca. 523 kcal

2 Pandanusblätter
150 g Taro (Wasserbrotwurzel)
50 g Mungbohnenmehl
150 g Zucker
500 g Kokosmilch
50 g Reismehl
Salz

AUSSERDEM

4 Bananenblätter (nach Belieben, s. Tipp)
20 Zahnstocher (nach Belieben)

....

Tipp: Wer das Dessert in Bananenblattbechern servieren möchte: Zunächst runde Kreise aus Bananenblättern (25 cm ∅) ausschneiden. Dann jeden Kreis zu einem Becher in der Größe einer Tasse formen. Die »Wände« hochziehen, in Falten legen und mit Zahnstochern feststecken.

1 Die Pandanusblätter waschen. Jedes Blatt einmal verknoten oder knicken. So geben die Blätter noch besser ihr Aroma preis. Die Blätter dann in einen Topf mit 350 ml Wasser geben. Das Wasser aufkochen und mit den Blättern bei mittlerer Hitze 20 Min. köcheln lassen. Anschließend die Blätter aus dem Wasser nehmen und wegwerfen. Die aromatisierte Flüssigkeit beiseitestellen.

2 Während die Pandanus-Flüssigkeit köchelt, die Taro-Knolle schälen und klein würfeln. Die Würfel auf einen Dämpfeinsatz geben und in einem Topf über kochendem Wasser zugedeckt in 20 Min. weich dämpfen.

3 Dann die Pandanus-Flüssigkeit mit dem Mungbohnenmehl und dem Zucker in einen Topf geben und bei schwacher bis mittlerer Hitze langsam zum Köcheln bringen, dann die Mischung unter ständigem Rühren 5 Min. garen, bis sich alle Zutaten gut vermischt haben. Die gedämpften Taro-Würfel hinzufügen und 2 Min. mitköcheln lassen. Den Topf anschließend zugedeckt bei sehr schwacher Hitze auf dem Herd stehen lassen.

4 Inzwischen in einem anderen Topf bei mittlerer Hitze die Kokosmilch mit Reismehl und 1 TL Salz zum Kochen bringen. Unter ständigem Rühren etwa 10 Min. köcheln lassen, bis die Mischung zu einer Creme andickt.

5 Inzwischen die Bananenblätter, falls verwendet, zu kleinen Bechern formen und mit Zahnstochern fixieren (s. Tipp). Wer keine Bananenblattbecher basteln will, stellt Schälchen oder kleine Gläser für das Dessert bereit.

6 Wenn die Kokosmilchcreme fertig ist, die heiße Taro-Mischung vom Herd nehmen und schnell jeweils 3 EL davon in jeden Becher oder jedes Schälchen geben. Die Mischung jeweils glattstreichen und sofort 2 EL Kokos-Creme darübergeben, diese ebenfalls glattstreichen. Die Creme soll die Taro-Mischung wie eine dicke Glasurschicht bedecken. Beide Lagen müssen bei der Verarbeitung noch heiß sein, damit sie nach dem Abkühlen zusammenkleben. Die Kokos-Taro-Desserts mindestens 30 Min. abkühlen lassen, dann servieren.

SAKU-PUDDING MIT KOKOS

สาคูมะพร้าว

Dieser süße Pudding erhält seine fein-cremige Konsistenz von Tapiokaperlen, in meiner Heimat »Saku« genannt. Und auch hier steuern Pandanusblätter ihr vanillewürziges Aroma bei.

Für 4 Portionen
25 Min. Zubereitung
Pro Portion ca. 715 kcal

100 g Kokosnussfleisch von jungen Kokosnüssen (aus der Dose)
100 g Jackfruit (aus der Dose)
2 Pandanusblätter
200 g Tapiokaperlen
200 g Zucker
500 g Kokosmilch
Salz

1 Kokosnussfleisch und Jackfruit in einem Sieb abtropfen lassen und in 3 cm lange Streifen schneiden. Die beiden Pandanusblätter waschen. Jedes Blatt einmal verknoten oder knicken. So geben die Blätter noch besser ihr Aroma preis. Die Tapiokaperlen in ein Sieb geben, abbrausen und abtropfen lassen.

2 850 ml Wasser in einem Topf zum Kochen bringen. Die Tapiokaperlen und Pandanusblätter hinzugeben. Alles bei mittlerer Hitze unter ständigem Rühren 15 Min. kochen lassen, bis die Perlen weich werden. Bei Bedarf noch Wasser dazugeben, wenn die Masse zu klebrig wird. Jackfruit- und Kokosnussfleischstreifen sowie 100 g Zucker hinzugeben und unterrühren. Alles weitere 5 Min. köcheln lassen, dann beiseitestellen.

3 Inzwischen für das Dressing die Kokosmilch in einem Topf aufkochen und bei mittlerer Hitze 5 Min. einköcheln lassen, dann den restlichen Zucker und 1 Prise Salz hinzugeben und noch kurz weiterköcheln lassen.

4 Die Pandanusblätter aus dem Pudding entfernen und wegwerfen. Den Saku-Pudding in vier Schalen anrichten und mit dem Kokosdressing servieren.

BANANEN IM KOKOS-SESAM-MANTEL

กล้วยทอด

Für 4 Portionen
30 Min. Zubereitung
Pro Portion ca. 760 kcal

350 g Reismehl
3 EL Mehl
1 ½ EL Öl
Salz
2 TL Backpulver
3 EL Zucker
50 g Kokosraspel
2 EL heller Sesam
1 l Öl zum Frittieren

450 g leicht grüne Bananen (ersatzweise Kochbananen oder Baby-Bananen)
flüssiger Honig zum Beträufeln (nach Belieben)

1 Das Reismehl und das Mehl mit 250 ml Wasser, Öl, 1 TL Salz, Backpulver und Zucker in einer großen Schüssel mit einem Schneebesen verrühren und schlagen, bis eine zähflüssige Masse ohne Klumpen entstanden ist. Dann die Kokosraspel und den Sesam hinzufügen und sehr gut untermischen.

2 Das Öl zum Frittieren in einem Wok oder einer Pfanne auf 180° stark erhitzen. Die Bananen schälen. Kleinere Bananen jeweils einmal längs und einmal quer halbieren, größere in Stücke schneiden. Die Bananenstücke im Teig wenden und portionsweise im heißen Öl in 2–3 Min. goldbraun frittieren. Die frittierten Bananen mit einem Schaumlöffel herausnehmen und auf Küchenpapier abtropfen lassen.

3 Zum Schluss die knusprigen Bananen auf vier kleinen Tellern oder einer Servierplatte anrichten, nach Belieben mit Honig beträufeln und heiß servieren.

BANANEN IN KOKOSMILCH

กล้วยบวชชี

Für 4 Portionen
20 Min. Zubereitung
Pro Portion ca. 530 kcal

5 leicht grüne Bananen (ersatzweise Kochbananen oder Baby-Bananen)
½ Pandanusblatt
1½ EL heller Sesam
500 g Kokosmilch
Salz (s. Info)
150 g Zucker

1 Die Bananen schälen und in dicke Scheiben schneiden. Das halbe Pandanusblatt waschen und einmal verknoten oder knicken. So gibt das Blatt noch besser sein Aroma preis. Den Sesam in einer Pfanne ohne Öl anrösten, aus der Pfanne nehmen und beiseitestellen.

2 Die Kokosmilch in einen Topf gießen, ½ TL Salz, Zucker und das Pandanusblatt hinzufügen. Die Mischung aufkochen und bei schwacher bis mittlerer Hitze 5 Min. köcheln lassen, dann die Bananenscheiben dazugeben und weitere 5 Min. köcheln lassen.

3 Das Dessert auf vier Schälchen verteilen und lauwarm mit den gerösteten Sesamkerne bestreut servieren.

Info: Die in Kokosmilch gegarten Bananen sind in Thailand ein beliebtes Dessert und werden besonders gern zu Eiscreme gereicht. Salz verleiht dieser Süßspeise einen erfrischenden, besonderen Geschmack.

REGISTER

APPETIT AUF MEHR?

ISBN 978-3-8338-9173-1

ISBN 978-3-8338-9325-4

ISBN 978-3-8338-7082-8

ISBN 978-3-8338-9241-7

ISBN 978-3-8338-7950-0

ISBN 978-3-8338-9074-1

Alle hier vorgestellten Bücher sind auch als eBook erhältlich.

Mehr von GU auf **gu.de** | **gu.verlag** | **gu.verlag**

IMPRESSUM

LIEBE LESERINNEN UND LESER,

wir wollen Ihnen mit diesem Buch Informationen und Anregungen geben, um Ihnen das Leben zu erleichtern oder Sie zu inspirieren, Neues auszuprobieren. Wir achten bei der Erstellung unserer Bücher auf Aktualität und stellen höchste Ansprüche an Inhalt und Gestaltung. Alle Anleitungen und Rezepte werden von unseren Autoren, jeweils Experten auf ihren Gebieten, gewissenhaft erstellt und von unseren Redakteur*innen mit größter Sorgfalt ausgewählt und geprüft.

Haben wir Ihre Erwartungen erfüllt? Sind Sie mit diesem Buch und seinen Inhalten zufrieden? Wir freuen uns auf Ihre Rückmeldung. Und wir freuen uns, wenn Sie diesen Titel weiterempfehlen, in Ihrem Freundeskreis oder bei Ihrem Online-Kauf.

Sollten wir Ihre Erwartungen so gar nicht erfüllt haben, tauschen wir Ihnen Ihr Buch jederzeit gegen ein gleichwertiges zum gleichen oder ähnlichen Thema um.

KONTAKT ZUM LESERSERVICE

GRÄFE UND UNZER VERLAG
Grillparzerstraße 8
81675 München
www.gu.de

G|U

GU ist eine eingetragene Marke der GRÄFE UND UNZER VERLAG GmbH, www.gu.de

ISBN 978-3-8338-7081-1
7. Auflage 2025

Projektleitung: Linh Nguyen
Lektorat: Susanne Bodensteiner
Korrektorat: Adriane Andreas
Gesamtgestaltung: independent Medien-Design, München: Horst Moser (Artdirection), Svenja Wamser
Herstellung: Petra Roth
Satz: L42 AG, Berlin
Reproduktion: Medienprinzen GmbH, München
Druck und Bindung: dimograf

Die Autorin

Meo Kross ist gebürtige Thailänderin und lebt seit über 20 Jahren in Deutschland. Die gelernte Hotelfachfrau und Ernährungsberaterin ist eine leidenschaftliche Köchin. Mit authentischen Thai-Spezialitäten verwöhnt sie ihre Gäste in ihrem Restaurant »Dao« in Berlin. In ihrer Kochschule und in diesem Buch zeigt sie, wie einfach sich auch bei uns wunderbar aromatische und ungewöhnliche Thai-Gerichte zubereiten lassen.

Der Fotograf

Silvio Knezevic ist freier Fotograf in München. Für dieses Projekt hat er sein Studio in eine Garküche verwandelt. Mit Unterstützung von Sven Christ (Foodstyling) und Barbara Emmel (Propstyling) ist es ihm gelungen, die thailändischen Gerichte im besten Licht, authentisch, aber nicht klischeehaft zu präsentieren.
www.silvioknezevic.com

Bildnachweis:

Silvio Knezevic: Coverfoto, S. 6 (unten), S. 11, Kapitelaufmacher & alle Rezeptfotos
Autorenfoto: Robert Sann Bobowski, Sann Mediadesign
Getty Images: 4, 21, 34, 35, 55, 68-69, 105, 130
iStockphoto: 54, 104, 114 (links), 115
Stocksy: 2-3, 7, 8, 9, 20, 114 (rechts), 131

Titelrezept:

Gebratenes Rindfleisch mit Fingerwurz, S. 95

Syndication:
www.imageprofessionals.com